TOTAL WILD GRILLEN

Claudia Diewald · Regina Schneider

Feurige Geschichten & das Beste vom Grill

VORWORT

Vom Grill schmeckt bekanntlich alles doppelt gut. Das Brutzeln von Fleisch, Fisch und Gemüse über offenem Feuer zählt zum beliebtesten Kochvergnügen das ganze Jahr über. Was einst unsere Vorfahren - die Neandertaler - wild an Spießen über glühende Kohlen hielten, schmeckt uns auch heute noch.

Egal - ob man zu zweit, mit der Familie oder Freunden hungrig an der Feuerstelle sitzt. Grillen ist ein besonderes kulinarisches Erlebnis und macht unter freiem Himmel - ohne großes Brimborium - am meisten Spaß.

Kurz: Total wild Grillen ist Kult.

Grillen ist kein Hexenwerk. Die leckersten Rezepte, feurigsten Marinaden und heißesten Dips haben wir für Sie aufgespießt und kräftig gespickt mit Geschichten, Infos, Tipps und Tricks rund um den Grill-Spaß am knisternden Holzkohlefeuer.

Dicke Erbensuppen und Bauchspeck überlassen wir den Pfadfindern, dafür tischen wir prächtigen Bison-Braten in Senfkräutern, Wildtäubchen mit Rosmarin, butterzarte Kartoffeln aus der Asche, duftendes Fladenbrot, rustikalen Steckerl-Fisch, Stockbrot mit Knusperschinken inklusive leckerer Beilagen, Saucen, Dips und Chutneys auf. Und für Waldi, der bei der Grill-Sause nicht fehlen darf, gibt es ein leckeres Hundemenü.

Noch mehr Natur gefällig? Zum gesunden Grill-Genuss zählt die Zubereitung von köstlichem Wildpret. Es ist Bio pur und erfüllt alle Voraussetzungen für ein besonderes Natur-Gourmet-Erlebnis - ursprünglich und unverfälscht! Dafür sind wir querbeet durch den Kräutergarten marschiert und schrecken dabei vor nichts zurück: Selbst Tannenzweige, Maisblätter, Zitronengras und die schärfsten Chilis machen auf dem Grill eine leckere Figur.

Damit die wilde Grillparty - Sommer wie Winter - gefahrlos steigen kann haben wir auch heiße Eisen angefasst: Wann, wie und wo darf außer Haus gegrillt werden? Balkon, Wiese, Wald, Parkplatz- oder Grillplatz? Das ist hier die Frage. Außerdem für Sie getestet: Die besten Geräte, notwendiges Zubehör und die heißesten Kohlen. Ganz egal zu welchem Anlass - Sie können sicher sein, wir lassen Sie nicht im Regen stehen. Mit den besten Rezepten, den appetitlichsten Fotos, informativen Geschichten, Tricks und Tipps rund ums Feuer können Sie Ihre Grill-Party planen und zum Sieger der Saison aufsteigen. Jetzt sind Sie dran: Zünden Sie das Feuer an, packen Sie ordentlich was auf den Grill und brutzeln Sie nach Lust und Laune.

Feuer und Flamme

für den total wilden Grill-Spaß? Wir freuen uns über Ihre Erfahrungen und Fragen an die Grill-Fans: **www.totalwild.net**

NATUR PUR AUF DEN GRILL

INHALTSVERZEICHNIS

Fleisch

Köstlicher Krustenbraten mit grünem Pfeffer 17
Saftiges Kotelett mit Ingwer und schwarzem Sesam 19
Höllisch scharfe Grillsteaks mit Bacon 21
Campingidylle 22
Wildschweinkoteletts mit Schwarzbiermarinade 25
Knusper-Würstchen am Spieß 27
Spareribs mit Honig-Ingwer-Marinade 29
Ein perfekter Sommersamstag im Ruhrpott 30
Fleischpflanzerl mit ganz vielen Kräutern 33
Zarte Lammsteaks mit frischer Minze 35
Prächtiger Bison-Grillbraten in Senfkräutern 36
Der Grill-Contest 38
Mixed Grill mit Pfirsichen und Steinpilzen 41
Peppige Pepperburger 43

Geflügel

Leckeres Zitronenhähnchen vom Drehspieß 47
Wildtauben mit Rosmarin 49
Das Robinson-Wochenende 50

Fisch

Steckerlfische 55
Forelle mit frischem Sauerampfer vom Rost 57
Gegrillte Sardinen mit Speck 59

Gemüse und Brot vom Grill

Geröstete Auberginen mit Zitronenthymian 63
Gemüse-Kebab am Holzspieß 64
Riesenchampignons und Zucchini vom Grill 65
Rote Zwiebeln und grüne Tomaten vom Rost 66
Knusprige Bohnenküchlein 67
Butterzarte Zwiebeln und Kartoffeln aus der Asche 69
Duftendes Fladenbrot 70
Knoblauch-Bruschetta 71
Der Schwenker 72

Beilagen

Wilder Sommersalat mit Kapuzinerkresse 77
Kartoffelsalat mit karamellisierten Zwiebeln 78
Gurkensalat mit frischer Minze 79
Orientalischer Couscous-Salat mit schwarzen Oliven 80
Klassischer Krautsalat 81

Saucen, Dips und Chutney

Barbecue-Sauce 84
Höllisch scharfer Chili-Dip 85
Rosmarin-Aioli 86
Die echte Frankfurter Grüne Soße 87
Die amtliche Grillorgie 88
Bärlauch-Pesto 90
Thymian-Öl 91
Die Typen am Grill 92
Salbei-Butter mit rotem Pfeffer 94
Delikater Zwiebel-Koriander-Relish 95
Ein Mann mit Kohle 96
Ingwer-Chutney mit Mandeln 97

Dessert

Tarte Tatin 100
Papayaquark mit Limettensaft 101
Waldmeisterbowle 102
Eistee mit Sommerbeeren 103

Die grosse Grillparty

Die große Grillparty 107
Kürbissuppe mit frischem Korianderkraut 108
Bunte Gemüsespieße 109
Maispäckchen vom Grill 110
Salsa picante 111
Kalbsbraten vom Rost 112
Chicken Wings mit Ahornsirup 115
Gefüllte Zwiebeln 117
Gegrillter Zuckermais 119
Stockbrot mit Knusperschinken 121
Blaubeerpfannkuchen 122
Grenadine-Bowle 123
Menü für den Hund 125
Die Motto-Party 126

DIE SIEBEN GOLDENEN GRILL-REGELN

EINS

Grillen macht das ganze Jahr über Spaß.
Wird es draußen ungemütlich, kommen die Leckerbissen auf die Grillpfanne oder auf den Backofengrill im Herd.

ZWEI

Grillen können Sie Fleisch, Fisch, Geflügel und die meisten Gemüsesorten, die Sie sonst auf dem Herd oder auch im Wok zubereiten. Bei einigen Gemüsesorten lohnt sich das Vorkochen, um lange Grillzeiten zu vermeiden, z.B. bei Maiskolben.

DREI

Meiden Sie Gepökeltes wie Kassler, Fleischwurst, Schinkenspeck, Leberkäse oder Bockwurst.

VIER

Das Grillfleisch erhöht sein unnachahmliches Raucharoma, wenn Sie es würzig marinieren. Die einfachste Methode: Grillgut und Marinade in einen Plastikbeutel geben, Luft herausdrücken und den Beutel verschließen. Je nach Größe zwischen 2 und 6 Stunden im Kühlschrank marinieren lassen.

FÜNF

Benutzen Sie ein Fleischthermometer um das Erreichen der genauen Garzeit zu beobachten. Messen Sie dazu die Temperatur in der Mitte des Fleischstücks (nicht am Knochen). Folgende Kerntemperaturen gelten als „gegart“: Schweinefleisch 70-80 C°, Rind- und Kalbfleisch 70-75 C°, Fisch 55-65 C°, Lamm 55 C°, Bison 60 C°, Wild 75-80 C°, Geflügel 85 C°.

SECHS

Verschiedene Kräuter wie frischer Rosmarin, Thymian, Wacholder oder Tannennadeln auf dem Rost erzeugen einen besonders aromatischen Geschmack.

SIEBEN

Lassen sie das Grillgut nach dem Garen noch 5-10 Minuten - je nach Größe - ruhen, bevor Sie die Grillstücke aufschneiden oder servieren.

VORRATSKAMMER

GEWÜRZE

- Schwarzer Sesam
- Roter Pfeffer
- Grüner Pfeffer
- Schwarzer Pfeffer
- Weißer Pfeffer
- Cayenne-Pfeffer
- Chilipulver
- Rosenpaprika
- Koriandersamen
- Kreuzkümmel
- Kardamom
- Kurkuma
- Meersalz
- Fleur de Sel
- Ingwer
- Dijon-Senf
- Honig-Senf
- Knoblauch
- Ahornsirup
- Sambal Oelek

Alle Rezepte sind für vier Personen ausgelegt, wenn nicht anders angegeben.

ÖL UND ESSIG

- Sesamöl, dunkles Grillöl mit nussartigem Geschmack, auch in kleinen Flaschen
- Maiskeimöl, besonders gut für alle Salate und Gemüsebeilagen, auch in kleinen Flaschen
- Walnuß- und Haselnussöl für Lamm und Wild und zartes Fleisch, besonders köstlich im Geschmack
- Olivenöl, zum Marinieren hervorragend geeignet
- Aceto Balsamico, milde Essig-Würze
- Apfelessig, naturtrüb, aus ganzen Äpfeln, besonders würzig und gesund für Salate und Beilagen

SO PLANEN SIE IHRE GRILLPARTY RICHTIG!

3-4 WOCHEN VORHER
- Grillplatz aussuchen (ggf. reservieren)
- Gäste einladen

1 WOCHE VORHER
- Nachbarn informieren (am besten einladen)
- Grill und Zubehör überprüfen
- Tische und Stühle besorgen (denken Sie auch an die Kinder)
- Dekoration auswählen, falls die Party abends stattfindet, Lampions und Fackeln einplanen
- Rezepte auswählen
- Einkaufsliste vorbereiten
- Spiele für Kinder vorbereiten

2-3 TAGE VORHER
- Zubehör einkaufen (Holzkohle, Grillanzünder)
- Gläser, Porzellan (oder Einweggeschirr), Servietten, Besteck, etc. besorgen
- haltbare Lebensmittel und Getränke einkaufen
- große Fleischstücke jetzt schon einlegen

1 TAG VORHER
- frische Lebensmittel und Zutaten einkaufen (Obst, Gemüse, Beilagen)

AM PARTYTAG - VORMITTAGS
- Brot, Brötchen, Salat, etc einkaufen

4 STUNDEN VORHER
- Tische und Stühle oder Bänke aufbauen
- Buffet für Salate und Getränke aufbauen
- Dekoration anbringen
- Getränke kaltstellen

3 STUNDEN VORHER
- Dips und Soßen zubereiten und kalt stellen
- Grillgut marinieren
- Grill aufbauen

1 STUNDE VORHER
- Grill anheizen
- Eimer mit Wasser bereitstellen
- Geschirr aufstellen
- Abfallbehälter aufstellen

KURZ VORHER
- frische Salate anmachen
- Knabbereien bereitstellen
- Salate, Brot, Getränke, Dips bereitstellen
- Grillgut bereitstellen

Sicherheitshalber ein Partyzelt bereithalten wenn's schauert.
Es kann im Zelt sehr romantisch werden!

HOT-PEPPER-BRENN-O-METER

CHILIS + PAPRIKA + CO

Rote, grüne und gelbe Chilis sind das A & O der Grillküche! Die bunten Pfefferschoten sind die scharfen Verwandten der Gemüsepaprika. Sie variieren in Größe und Schärfe, unabhängig von der Farbe. Das Aroma reicht von mild bis fruchtig-tropisch-scharf. Innen stecken viele wichtige Vitamine und wertvolle Mineralstoffe. Die Schärfe lässt sich auf einer Skala von 1 (mild) bis 10 (höllisch scharf) unterteilen. Wichtig für den Gebrauch: Samenkörnchen und Scheidewände entfernen entschärft alle Peppers um einige Grade. Vor dem Verwenden immer erst probieren und am besten Handschuhe tragen!

Die feurigsten Chilis überhaupt sind die mexikanischen Habanero (Schärfegrad 10). Sie werden hellgrün, gelb, orange oder rot, je nach Sorte und Reifegrad, im Handel angeboten. Im Vergleich zu anderen Chilisorten wie Tabasco (Schärfe 9), Thai-Chilis (8), Jalapeños (7), Serrano (6), blassgrünen Peperoncini (1bis 2), scharfe ungarische Paprika (1) und kaum scharfen Gemüsepaprika sind sie wesentlich schärfer. Habaneros zum Beispiel rund 50-mal so scharf wie Jalapeños oder Serranos.

Rosmarin

KRÄUTER-ABC

Frische Kräuter sind das A & O beim Grillen.
Mit ihnen lassen sich würzige Marinaden, Saucen, Chutneys und Gewürzöle herstellen. Das Ausprobieren verschiedener Varianten macht beim Grillen besonders Spaß. Frische grüne Kräuter halten sich im Gemüsefach bis zu einer Woche frisch.

Minze

Pimpinelle

Petersilie

Thymian

Koriander

Zitronenblätter

Salbei

Dill

Zitronengras
Basilikum
Kerbel
Brunnenkresse
Zitronenmelisse
Estragon
Majoran
Kresse
Schnittlauch
Oregano

WAS SIE UNBEDINGT

Bevor Sie sich einen neuen Grill kaufen, überlegen Sie, für welchen Einsatzbereich und für wie viel Personen er gebraucht wird. Bevorzugen Sie ein lauschiges Plätzchen für Zwei auf ihrem kleinen Balkon, lieben Sie es im kleinen Kreis mit Freunden, draußen in der freien Natur oder feiern Sie lieber mit 50 Gästen auf Ihrem 2 Hektar großen Grundstück? Wollen Sie rund ums Jahr grillen oder muss das Gerät zum überwintern untergebracht werden?

HOLZKOHLEGRILL

Grills, die mit Kohle angefeuert werden gibt es in allen möglichen Größen und Ausführungen und für jedes Portemonnaie. Je nach Größe und Gewicht sind sie überall einsetzbar und verleihen dem Grillgut den typischen Grillgeschmack, auf den der Kenner schwört. Da sich keine exakte Temperatur einstellen lässt, sollte man vor der großen Party schon mal etwas üben. Die längere Vorbereitungszeit und die anschließende Reinigungsprozedur nimmt man bei diesem Geschmackserlebnis gerne in Kauf.

LAGERFEUER

Lagerfeuer mit oder ohne Schwenkgrill auf drei Beinen
Der Schwenkgrill besteht aus einem dreibeinigen Gestell von mindestens 1,20 m Höhe, an dem frei beweglich an einer Kette, ein Rost oder ein Topf hängt. Dadurch bietet der Schwenker sowohl die Möglichkeit zum Grillen, als auch zum Kochen im Freien. Da hier mit offener Feuerstelle gearbeitet wird, ist der Einsatzbereich sehr beschränkt. Allerdings fehlt hier nichts, aber auch gar nichts vom Lagerfeuerfeeling.

GRILLROST

Grillrost aus Gusseisen für das offene Feuer.
Hierbei handelt es sich um eine einfache, kompakte Variante des Holzkohlegrills ohne jeden Schnickschnack. Der Grillrost wird einfach über die Glut gelegt, am besten links und rechts etwas unterbauen, und eignet sich auch um Kannen oder Töpfe darauf abzustellen. Der Einsatzbereich ist, wie bei allen offenen Feuerstellen, begrenzt.

GASGRILL

Anstelle der Glut wird beim klassischen Gasgrill eine Brennplatte mit Flüssiggas beheizt. Sie hat nur eine kurze Vorheizzeit und ist einfacher zu reinigen als ein Holzkohlegrill. Die Temperatur ist durch den Gaszufluss regelbar und es entwickelt sich sehr wenig Rauch. Allerdings sind mit Gas betriebene Grills meist recht schwer und sperrig, auch wegen der benötigten Gasflasche. Und es fehlt der typische „Holzkohlegrillgeschmack“.

LAVAGRILL

Die Funktion der Glut übernehmen hierbei Lavasteine aus porösem Vulkangestein, das die Hitze aufnimmt und gleichmäßig weitergibt. Auch er wird mit Gas oder Strom betrieben und ist deshalb schnell einsatzbereit und leicht zu reinigen. Sogar den Grillgeschmack kann man herbeizaubern, indem man vorher in Wasser eingeweichte Holzspäne oder getrocknete Kräuter über die heißen Lavasteine streut.

ELEKTROGRILL

Die gängigen Modelle zeichnen sich einerseits durch das geringe Gewicht, selbst bei großen Ausführungen, aus. Andererseits kommt man ohne Steckdose nicht aus, wodurch sie für draußen weniger geeignet sind. Das Grillgut wird auf Heizstäben oder direkt auf einem Cerangrillfeld gebraten. Die Tischgrills sind sehr Platz sparend und können sogar in der Wohnung benutzt werden. Auch für den Balkon sind sie durch die sehr geringe Rauchentwicklung bestens geeignet. Allerdings gibt es hier nicht den typischen „Holzkohlegrillgeschmack“.

DUTCH OVEN

Dies ist eines der ältesten Outdoorkochgeräte. Ein gusseiserner Topf, häufig mit drei Beinen, der direkt in die Glut gestellt werden kann und dazu ein Deckel mit erhöhten Rand, auf dem man mittels Kohle oder Glut zusätzlich Oberhitze erzeugen kann. Der Deckel ist auch als Bratpfanne verwendbar. Die Töpfe lassen sich passend übereinander stellen um so mehrere Gerichte gleichzeitig zu garen. Der Dutch Oven eignet sich zum Kochen, Braten und Backen.

GRILLEN „OHNE GRILL

Mal abgesehen von den Eigenbauten kann man auch ganz ohne Grill sehr köstliches Essen im Freien zubereiten. Zum Beispiel in einem Metalleimer mit Grill-Rosteinlage, der handlich ist und überall hin mitgenommen werden kann. Grillen kann man auch im „Erdofen“, auf heißen Steinen oder direkt in der Glut. Auch dazu gibt es Anwendungstipps.

GRILLEN IM BACKOFEN UND IN DER GRILLPFANNE

Haben Sie alles fürs Grillen eingekauft und es regnet jetzt doch? Nicht weiter schlimm. Denn in der Regel hat Ihr Backofen einen Grill oder Sie benutzen eine schwere Grillpfanne aus Gusseisen.

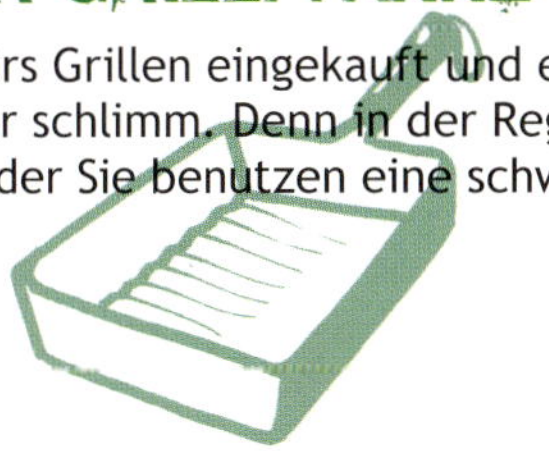

ZUBEHÖR

Grillkohle
Hier bitte nur die Beste nehmen, schließlich wollen Sie Lebensmittel schmackhaft und gesund zubereiten.

Anzünder
Spiritus und andere flüssige Grillanzünder bergen Verbrennungsgefahren durch Stichflammen. Besser eignen sich feste Holzwachs- oder Paraffinanzünder, die mit sehr hoher Temperatur und fast rußfrei verbrennen. Zum Entzünden Kaminstreichhölzer oder ein Stabfeuerzeug benutzen. Damit die Kohle schnell glüht, Grillfön oder Blasebalg benutzen.

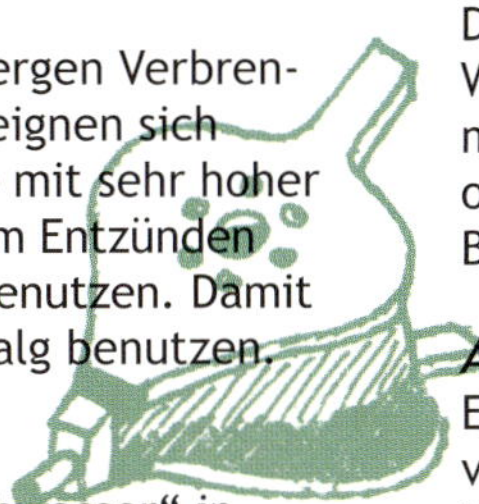

Wasser
Bei Grillpartys sollte immer ein Eimer „Löschwasser“ in der Nähe des Grills stehen. Aber bitte nicht in heißes Fett kippen – Stichflammengefahr!

Kühltaschen
Ob im eigenen Garten oder in der Wildnis, überall wo es keine Kühlmöglichkeit gibt, sollten verderbliche Lebensmittel in Kühltaschen aufbewahrt werden.

Grillbesteck
Zum Wenden des Grillgutes verwendet man eine Grillzange. Beim Anstechen mit einer Gabel, geht zuviel Fleischsaft verloren.

Klappbare Doppelroste aus Drahtgeflecht eignen sich zum Wenden von flachem Grillgut, wie z.B. Fischen.

Ein Küchenpinsel aus Holz wird benötigt um Fleisch, Wildpret, Würstchen, Gemüse und Fisch mit Öl oder Marinaden einzustreichen.

Bei großen Fleischstücken sollten Sie ein Tranchierbrett mit Saftrille zum Weiterverarbeiten bereithalten. Ebenso eine lange Fleischgabel und ein entsprechendes Fleischmesser.

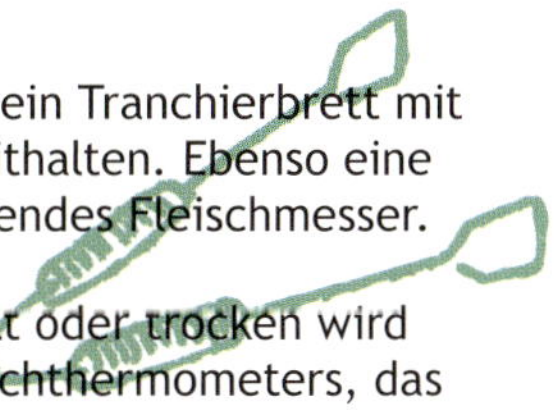

Damit nichts auf dem Grill verbruzzelt oder trocken wird lohnt sich die Anschaffung eines Fleischthermometers, das die Garzeiten von Fleisch, Fisch und Geflügel genau angibt.

Schürze und Handschuhe
Der Grillmeister sollte damit unbedingt ausgestattet sein. Wer in der Nähe des Grills oder am offenen Feuer arbeitet, muss immer mit Funkenflug rechnen. Wenn mit Kannen oder Töpfen gearbeitet wird, sind Grillhandschuhe mit Baumwollfutter unerlässlich.

Alufolie und Plastikbeutel
Es hat sich als sinnvoll erwiesen, Alufolie zum einwickeln von Grillgut, zum Schutz der Saucen und zum Abdecken von Holzspießen auf dem Grill parat zu haben. Zum Marinieren vor Ort oder zur Vorbereitung allen Grillguts sind Plastikbeutel ein besonders praktischer Helfer.

FLEISCH

Köstlicher Krustenbraten mit grünem Pfeffer

6-8 Personen

Für diesen Knusper-Braten vom Rost ist wenig Vorbereitung nötig und das Ergebnis kann sich wirklich sehen lassen. Der Metzger schneidet Ihnen die dicke Schwarte im Schachbrettmuster, wenn Sie ihn bitten, sonst machen Sie es selbst. Es geht ganz einfach. Durch die Einschnitte kann das Fett austreten, dadurch wird die Kruste besonders schmackhaft.

1 Die Schwarte des Bratens rautenförmig mit einem scharfen Messer einritzen, falls der Metzger es noch nicht gemacht hat.

2 Alle Würzzutaten verrühren und den Braten damit rundherum bestreichen. Ca. 1-2 Stunden im Kühlschrank marinieren lassen.

3 Kurz vor dem Grillen die Marinade grob abstreifen und auffangen.

4 Braten salzen und auf den geölten, heißen Rost legen. Austretendes Fett in Aluschale auffangen.

5 Bei starker Hitze rundherum 15 Minuten scharf anbraten und bei schwacher Hitze in 1-1,5 Stunden unter mehrfachem Wenden garen, bis die Kerntemperatur von 75 Grad erreicht ist.

6 Den Braten zwischendurch immer wieder mit der Marinade bestreichen.

7 Vor dem Aufschneiden den Braten 10 Minuten in Alufolie eingepackt ruhen lassen.

Variante

Mit der Marinade lassen sich auch fertige Rinder- oder Kalbsrollbratenten zubereiten.

Zutaten

1,5 kg Schweinebraten (von der Schulter)
2 Knoblauchzehen, mit Salz zerdrückt
2 TL frischer Ingwer, gerieben
1 ungespritzte Zitrone, abgeriebene Schale und Saft
6 EL dunkles Sesamöl
4 EL grüner Pfeffer, zerdrückt
1 ½ TL Meersalz

Holzkohlengrill, Elektro- und Gasgrill, Backofengrill, Grillpfanne

Saftiges Kotelett mit Ingwer und schwarzem Sesam

Es geht nichts über ein gut durchwachsenes Stück Schweinefleisch, das von feinem, weißem Fett durchzogen ist.
Es eignet sich besonders gut zum grillen, denn das Fett schmilzt unter der hohen Hitzeeinwirkung und lässt das Fleisch knusprig werden. Vermeiden Sie Fleisch aus Turbozüchtungen, denn es hat wenig Aroma und wird auf dem Grill rasch trocken.

1 Am Vortag Sojasauce in eine kleine Schüssel geben und zusammen mit Ingwer, Meersalz, Pfeffer, zerdrücktem Knoblauch und dem schwarzem Sesam zu einer Paste verrühren.

2 Die Paste mit einem Pinsel beidseitig auf die Koteletts auftragen und in einem Plastikbeutel im Kühlschrank eine Nacht marinieren lassen.

3 Anderntags auf den heißen Rost legen und beidseitig ca. 3-4 Minuten grillen. Vor dem Servieren in Alufolie eingepackt 3-4 Minuten ruhen lassen.

Tipp

Dazu passen Süßkartoffeln aus der Asche und Stockbrot mit Bacon

Variante

Probieren Sie auch Hirsch- oder Wildschweinkoteletts vom Grill. Nach dem Marinieren und vor dem Grillen mit Baconscheiben umwickeln, damit die Wildkoteletts saftig bleiben.

Zutaten

4 Koteletts vom Bio-Schwein, gut durchwachsen
3 EL Sojasauce
1 EL schwarzer Sesam (Asia-Shop)
1 Knoblauchzehe, mit Salz zerdrückt
100 g frische Ingwerknolle, fein gerieben
1 EL Meersalz
1 TL schwarzer Pfeffer aus der Mühle

Holzkohlengrill, Elektro- und Gasgrill, Backofengrill, Grillpfanne

Höllisch scharfe Grillsteaks mit Bacon

Durch mexikanische Habaneros – den schärfsten Pfefferschoten, die es gibt – (Brenn-o-meter höchste Stufe!) bekommen Steaks genau die richtige Mischung von rauchig-scharfem Tropen-Aroma, das unvergleichlich ist. Zusätzliche Würzgranaten wie zerstoßene Koriandersamen, frisches Korianderkraut und grob geschroteter Pfeffer steigern zusätzlich die Geschmacksvariante. Zum Schneiden der Scharfmacher unbedingt Handschuhe tragen, denn die Schärfe brennt sehr nach. Weniger feurig, trotzdem hocharomatisch sind italienische Peperoncini oder Jalapeños-Schoten. Auch sie ergeben einen pikanten Schärfegrad.

1 Habanero aufschneiden (Samen und Scheidewände entfernen, wenn Sie es nicht ganz so höllisch mögen) und in einen Mixer geben. Tomaten- und Zwiebelwürfel, Knoblauchzehe und Korianderblätter zugeben und zu einer Soße pürieren.

2 Mit Salz, Pfeffer und Zitronensaft abschmecken und in eine kleine Schüssel geben.

Die Sauce muss richtig feurig scharf sein.
(Schärfe-Check mit einem Stück Brot)

3 Rumpsteaks dünn mit Öl bestreichen, auf jeder Seite mit dem zerstoßenen Koriandersamen, Meersalz und frisch gemahlenem Pfeffer würzen und auf den heißen Rost legen. Ca. 3-4 Minuten auf jeder Seite grillen (nicht zulange damit das Fleisch innen saftig bleibt).

4 Kurz vor Grillende die Baconscheiben von beiden Seiten knusprig grillen. Mit der höllisch scharfen Sauce und den knusprig gegrillten Baconscheiben anrichten.

Tipp

Falls die Steaks zu „feurig“ geraten sein sollten, zum Löschen Sour Cream, Schmand oder Joghurt als Beilage reichen. Und am besten zusätzlich Eiscreme hinterher. Mit Wasser, Bier oder Limo brennt's noch schlimmer, denn der in Chili-Schoten enthaltene Wirkstoff Capsaicin ist fett- aber nicht wasserlöslich.

Variante

Probieren Sie anstelle von frischem Koriandergrün auch thailändisches Basilikumkraut oder Zitronenthymian. Die höllisch scharfe Sauce schmeckt übrigens auch hervorragend zu groben Wildwürstchen, Lamm- und Geflügelspießchen.

Zutaten

4 abgehangene Rumpsteaks à ca. 200 g
8 dünne Scheiben Bacon

Für die Sauce:

1 kleine rote oder grüne Habanero oder Peperoncini, geschnitten
2 mittelgroße Tomaten, gehäutet und gewürfelt
1 rote Zwiebel, gewürfelt, 1 Knoblauchzehe, gehackt
3 EL Korianderkraut, gezupft
2 El Zitronensaft, Meersalz
Schwarzer Pfeffer, grob geschrotet
1 TL Koriandersamen, zerstoßen
2-3 EL dunkles Sesamöl

Holzkohlengrill, Elektro- und Gasgrill, Backofengrill, Grillpfanne

CAMPINGIDYLLE

Lieber Heinz,

vielen Dank nochmals für die wunderbare Woche, die ich mit meiner Familie in deinem Wohnwagen an der Nordsee verbringen durfte.

Nachdem ich dem Platzwart mal gleich ordentlich die Meinung gesagt hatte, verlebten wir eine harmonische Zeit. Dabei hat er den Zoff vom Zaun gebrochen... Hätte er uns nachts das Tor aufgemacht, hätte ich es nicht mit dem Abschleppseil aus den Angeln ziehen müssen um auf den Platz zu fahren....

Er maulte nicht mal mehr, wenn Rita täglich Apollo im Pool badete. Der Hund liebt das sehr.

Auch mit den Nachbarn hatten wir viel Spaß. Unser Jens ist ja ein sehr kommunikatives Kerlchen. Schon am ersten Abend hat er den Platz mit seiner E-Gitarre unterhalten... bis die Polizei kam.

Seine Schwester Sonja hat uns in der ganzen Zeit kaum Geld gekostet. Sie ist bereits am zweiten Tag rüber zu Viktor ins Zelt gezogen. Das ist der Junge von diesem Ivanow, der mir zwar nicht ganz geheuer ist, aber den fettesten Wohnwagen auf dem Platz hat.

Die Heinbuchs haben eure Gartenmöbel gekauft. 50 Euro haben sie noch für das verkokelte Zeug gegeben. Ach ja, das passierte beim Grillen. Die Stichflamme hättest du sehen sollen. Wir hatten echt Glück, dass nicht der ganze Wohnwagen in die Luft geflogen ist. Stell dir mal vor, wir wären nicht mehr und du hättest Schuld weil es deine Gasflasche war....

Die Tageszeitung mit dem Bericht habe ich diesem Brief beigelegt. Dein Name steht auch drin.

Den Wohnwagen haben wir außen soweit wieder hinbekommen. Nur die Bolzen von der aufgeschraubten Blechplatte solltest du bei Gelegenheit mal mit Kitt abdichten. Die Holzbretter sind ganz praktisch an Stelle der Plastikfenster - ich würde sie so lassen. Würdest du bitte den Sand, mit dem wir gelöscht haben, wieder auf den Kinderspielplatz zurückbringen? Wir haben ihn nur schnell auf das heruntergefallene Vorzelt gekehrt.

Einmal war Rita echt sauer. Ich musste zwei Stunden in der Gegend herumfahren, um die Farbe „Ferrari-Rot“ in einer Parfümerie aufzutreiben. Nur weil Jörg ihren Nagellack auf dem Flokati ausgekippt hatte. Kinder eben! Der Teppich liegt jetzt unter dem Wohnwagen auf den Paletten - da wo vorher die Stützen waren. Ivanow hat die Stützen nämlich ausgeliehen. Als Pfand hat er 1 Kilo russischen Schnupftabak dagelassen. Die Tüte mit dem weißen Pulver liegt im Küchenschrank.

Öffne die Tür der Nasszelle bitte vorsichtig. Wir haben dort alle Klamotten untergebracht, die Apollo während unseres Aufenthaltes apportiert hat. Das Beste haben wir natürlich schon entsorgt. Ach ja, du müsstest mal nach der Chemietoilette sehen. Seit Rita die Hähnchenknochen reingekippt hat, gluckert sie so komisch.

Die Abschiedsparty am Samstag war ein fabelhaftes Ereignis. Fast alle Camper vom Platz hatten sich Stühle mitgebracht und saßen im Halbkreis um deinen Wohnwagen herum. Rita fand das großartig und entschloss sich zu einer Gesangsdarbietung. Ich habe sie nie vorher so schön singen hören. Genau genommen habe ich sie noch nie singen hören ...

Jedenfalls haben zum Schluss alle applaudiert und versichert, wie sehr sie sich freuen, wenn wir nächstes Jahr wiederkommen.

Als Abschiedsgeschenk bekamen wir ein tolles Buch: Der kleine Camping-Knigge.

Wildschweinkoteletts mit Schwarzbiermarinade

Wildpret ist ein Naturtalent für Leckerbissen vom Grill. Spareribs vom Wildschwein, Wildfrikadellen oder -Spieße schmecken vom Grill noch mal so gut. Legen Sie frisches Rosmarin, Zitronenthymian oder einen frischen Fichtenzweig zum Grillgut. Das Raucharoma ist unwiderstehlich.

1 Knoblauch, Öl, Senf, Bier und Honig rasch zu einer Marinade rühren. Mit Salz, Pfeffer, Paprika und den im Mörser angeriebenen Kräutern abschmecken.

2 Koteletts damit einreiben, mindestens 1 Std. marinieren, abtropfen lassen (Marinade auffangen) und mit den Baconscheiben umwickeln. Anschließend auf jeder Seite ca. 3-4 Minuten grillen. Zwischendurch mit der Marinade bestreichen.

3 Nach 3 Minuten die Garprobe machen. Das Fleisch sollte deutliche Grillmuster zeigen, darf aber nicht trocken sein!

4 Koteletts vor dem Servieren einige Minuten in Alufolie eingepackt ruhen lassen.

Zutaten

4 Wildschweinkoteletts à 200 g
250 g Bacon

Für die Marinade:
2 Knoblauchzehen, durchgepresst
4 EL Walnuss- oder Haselnussöl
1 Schuß Schwarzbier
1 EL Dijonsenf
2-3 EL Tannenhonig
Meersalz
Schwarzer Pfeffer aus der Mühle
1 Handvoll frischer Kräuter (Rosmarin, Thymian, Oregano), gezupft
Edelsüßes Paprikapulver

Holzkohlengrill, Elektro- und Gasgrill, Backofengrill, Grillpfanne

Tipp

Servieren Sie eine pikante Pflaumensauce zu den Grill-Koteletts. Dazu 1 kleines Glas Pflaumenmus mit 1 EL Tamari-Sojasauce (Asia-Shop) vermengen und den Saft von 2 Zitronen zugeben. Umrühren. Lecker!

Knusper-Würstchen am Spieß

Egal ob Sie Münchner Weißwürstel, echte Thüringer, Lamm- oder Rostbratwürstchen eingekauft haben: Würstchen lassen sich vielfältig variieren. Entweder im Ganzen grillen oder in mundgerechten Stücken an Holz- oder Rosmarinzweigen zusammen mit Speck, Zucchini, Paprikaschoten, Tomaten oder Zwiebelstücken. Das schmeckt einfach klasse!

1 Würstchen in mundgerechte Stücke schneiden und zusammen mit den Gemüse- und Zwiebelstücken abwechselnd auf die Spieße stecken.

2 Ketchup, Senf und Paprika verrühren. Mit Salz und Pfeffer abschmecken. Spieße rundherum angrillen, mit der Sauce bestreichen, fertiggrillen. Insgesamt - je nach Durchmesser - ca. 3 Minuten pro Seite.

Tipp

Nehmen Sie anstelle der üblichen Holzspieße kräftige, frische Rosmarinzweige (20-25 cm lang). Sie geben den Würstchen - vor allem Wildwürstchen - einen zusätzlichen Aromakick. Dazu die Rosmarinzweige in eine Hand nehmen, bis auf 2-3 cm an der Spitze abnadeln und am unteren Ende mit dem Messer den Ast schräg anspitzen. So lassen sich alle festen Zutaten leicht aufspießen.

Variante

Vegetarisch unterwegs? Einfach nur frisches Gemüse mit viel Zwiebeln oder gekochten, in gewürztem Olivenöl marinierten Kartoffelscheiben und Lorbeerblättern dazwischen. Eine echte Delikatesse!

Zutaten

8 (ca. 500g) frische Würstchen, nicht zu dünn
3-4 kleine Zucchini, in Scheiben
3 frische Paprika, rot, grün, gelb, in Stücken
3 Zwiebeln, in Achtel zerteilt
2 EL Dijon-Senf
150 g gutes Tomatenketchup
1 TL Rosenpaprika
Meersalz
Schwarzer Pfeffer aus der Mühle
8-10 Schaschlikspieße

Holzkohlengrill, Elektro- und Gasgrill, Backofengrill, Grillpfanne

Spareribs mit Honig-Ingwer-Marinade

6 Personen

Sparerips sind ein absolutes Highlight auf dem Holzkohlengrill. Sie kommen entweder „trocken“ auf den Grill - also nur mit Gewürzen eingerieben - oder „feucht“ mit einer aromatischen Marinade, die das Fleisch zart und feurig macht. Versuchen sollten Sie beide Methoden, hier die „feuchte“ Variante:

1 Sparerips waschen und trockentupfen.

2 Sesamöl, Barbecuesauce, Sojasauce, geriebener Ingwer und Zitronenschale, Honig und Senf gut vermengen und mit Rosenpaprika, schwarzem Pfeffer und Cayennepfeffer scharf abschmecken.

3 Sparerips in eine Kasserolle (Schmorpfanne) legen und mit der Marinade rundherum einpinseln. 2 Stunden abgedeckt im Kühlschrank ziehen lassen.

4 Aus der Marinade nehmen, abtropfen lassen und restliche Marinade mit dem Messerrücken von den Rippen streifen. Marinade aufheben.

5 Auf den heißen Grillrost legen und von beiden Seiten jeweils ca. 30 Minuten grillen. Immer wieder wenden und mit der Marinade bepinseln. Machen Sie die Garprobe: Zum Schluß sollten sie so weich sein, dass man sie einzeln zerteilen kann.

6 Servieren Sie Sparerips mit Rosmarin-Aioli oder Salbei-Butter.

Variante

Für die „trockene“ Grill-Methode reiben Sie die Sparerips mit Cayennepfeffer, Rosenpaprika und grob geschrotetem schwarzen Pfeffer ein. Vor und während des Grillens immer wieder mit dunklem Sesamöl einpinseln und zusammen mit Barbecuesauce servieren.

Zutaten

2 kg Rinderrippe (beim Metzger bestellen)
3 EL dunkles Sesamöl
2 EL scharfe Barbecuesauce
2 EL Sojasauce
2 EL frischer Ingwer, gerieben
1 EL Zitronenschale, gerieben
1 El Dijonsenf
1 EL Tannenhonig
Cayennepfeffer
Rosenpaprika
Schwarzer Pfeffer,
grob geschrotet

Holzkohlengrill,
Elektro- oder Gasgrill

EIN PERFEKTER SOMMER

11:00 Uhr: Aufstehen!

11:05 Uhr: Thermometer und Himmel prüfen: 20 Grad, Sonne! Perfekt!

11:10 Uhr: Frühstück (3 Kaffee, 3 Zigaretten), Jogginghose und Badelatschen anziehen, dann raus in den Garten aufs Badetuch.

11:15 Uhr: Zurück ins Haus: Pülleken und Handy vergessen, wieder raus aufs Badetuch.

11:45 Uhr: Grillbeschluss wird gefasst! Ehefrau „Miezi" lautstark davon überzeugen, dass Grillen mit Freunden mehr Spaß bringt als alleine.

12:00 Uhr: Erholung von dem Stress mit der Ehefrau bei einem Pülleken auf dem Badetuch im Garten. Dabei langsam wegnicken.

15:00 Uhr: Von „Miezi", im engen Strechkleid, geweckt werden und damit knapp einem fürchterlichen Sonnenbrand entgehen. Ab in den Supermarkt! An der Einkaufsliste erkenne ich, „Miezi" hat Gäste eingeladen: 20 Bauchfleisch, 25 Schwenkbraten, 5 Sixpack Thüringer, 6 Kisten Oettinger, jeweils eine Palette Kümmerling und Apfelkörnchen, 5 Baguette, ein Eimer Kartoffelsalat und Kleinkram wie Silbergürkchen, Kräuterbutter und Fertigsaucen.

15:50 Uhr: Zu Hause, alles ausladen und erstmal mit ´nem Pülleken aufs Badetuch in den Schatten während „Miezi" schon mal alles vorbereitet.

17:10 Uhr Der Nachbar kommt, als hätte er's gerochen, dabei brennt der Grill noch gar nicht. Holt sich erstmal ein Pülleken, verwickelt mich in ein Gespräch über seinen neuen Rasenmäher und tut ganz überrascht als Robert und Annette ankommen ...

17:55 Uhr: Die Glut ist soweit. Petras unerzogener Kläffer „Manta" schmeißt fast den Grill um. Als Gastgeschenk hat sie noch ´ne Palette Kümmerling unterm Arm: Alles ist gut! Frank und Katrin haben zu allem Unglück auch noch ihren siebenjährigen Flegel dabei. Dafür ist Dirk alleine gekommen - Anke hat Migräne. Er schielt jetzt schon auf Petras Beine ...

Fiona hat ihren neuen Lover dabei, Ewald - so einer mit teuren Bermudashorts und Sakko - und das auf ner Grillparty ...

18:30 Uhr: Mist, die Glut ist erloschen. Da hilft nur noch ein Spritzer aus dem Benzinkanister. An dem Qualm stört sich keiner - schließlich sind in den angrenzenden Gärten auch Rauchwolken zu sehen und irgendwo erklingt schon das erste fröhliche „Schni Schna Schnappi...".

19:15 Uhr: Die erste Fuhre liegt auf. Der dritte Bierkasten ist leer.

19:30 Uhr: Alle hauen rein, als gäbe es morgen nichts mehr - außer Petra, die sich mal wieder beschwert, dass es keinen kalorienreduzierten Bauchspeck gibt und deshalb aus Protest die Hälfte ihrer Thüringer an den Kläffer verfüttert. Dirk schaut ihr fasziniert zu, wie sie an ihrem Mineralwasser nippt.

SAMSTAG IM RUHRPOTT

21:20 Uhr: Die zweite Fuhre ist vertilgt. Der fünfte Kasten Oettinger auch... Das wird knapp. Ich serviere die erste Runde Kümmerling als Beschleuniger. Für die Damen den Apfelkorn.

22:00 Uhr: Hat nichts genützt - irgendeiner muss zur Tanke Nachschub holen. Nüchtern ist nur noch die Diätzicke, die hat aber kein Auto. Dirk wirft ihr lässig seinen BMW-Schlüssel rüber - Mann, muss es den erwischt haben.... Soviel Alkohol kann man doch gar nicht trinken.

Wir vertreiben uns die Wartezeit mit Gesängen über „10 nackte Frisösen“ und „Hohe Tannen“. Gesang macht durstig. Zum Glück ist noch Kümmerling da.

22:30 Uhr: Petra kommt mit 4 Kisten Bier. Jemand hat ihren Kläffer an das Gartentor gebunden, das er nun hinter sich her zieht. Petra bedankt sich ausgiebig bei Dirk für das in sie gesetzte Vertrauen bezüglich seines Autos. Von der Schramme am Kotflügel sagt sie nichts.

23:30 Uhr: Wir wechseln von Live- auf Konservenmusik. „Relax“ von Franky-goes-to-Hollywood“ erscheint uns passend. Der Sakko-Mann hat nur noch die teuren Bermudashorts an und tanzt auf dem Tisch.

00:05 Uhr: Ein Streifenwagen fährt vor. Die Schupos Ackermann und Dombrowski, beide Grillfans, ziehen uns den Stecker und halten eine Standpauke. Man versteht sie kaum denn von zwei Gärten weiter dröhnt es „Highway to Hell“.

00:35 Uhr Die Polizei ist weg - unser letzter Kümmerling auch! Fiona und Ewald sitzen Hand in Hand am Goldfischteich, die Füße im Wasser. Katrins Flegel kommt unter der Hecke heraus gekrochen und will heim.

01:05 Uhr: Nachdem alle gegangen sind, „Miezi“ liegt längst in den Federn, kommt der Nachbar noch mal mit ner Pulle Korn rüber. „Als Absacker“ sagt er.

02:20 Uhr: Der Nachbar schläft auf dem Gartenstuhl. Auf dem Weg ins Haus trete ich mit der rechten Hand in eine angebissene Toast-Scheibe mit Knoblauchbutter. Ich stecke sie in die Hosentasche. Für so was hat kürzlich bei ebay jemand 28.000 Dollar bekommen.

2:30 Uhr: Ich bin zufrieden mit mir als Gastgeber.
Alles perfekt!

Fleischpflanzerl mit ganz vielen Kräutern

Eigentlich sind Fleischpflanzerl nichts anderes als Frikadellen, aber sie schmecken weitaus leckerer, weil sie immer einen guten Anteil an Speck oder Schinken in sich tragen. Wenn sie auf dem Rost gegart werden haben sie darüber hinaus noch den unnachahmlich rauchig-würzigen Geschmack und sind damit vom Grill ein besonderer Leckerbissen.

1 Hackfleisch mit Zwiebel- und Speckwürfeln, allen kleingehackten Kräutern, Zitronenschale, Eiern, Senf, Haferflocken, weißem Pfeffer und Cayennepfeffer zu einer kompakten Masse verarbeiten. Cognac zugeben würzen und nochmals mit Salz und Pfeffer abschmecken.

2 Jeweils vier schöne flache Frikadellen aus dem Teig formen. Auf dem Grill von beiden Seiten in 3-5 Minuten knusprig braun grillen.

Tipp

Falls der Fleischteig zu feucht gerät, noch etwas mehr Haferflocken oder Semmelbrösel untergeben, damit die Fleischpflanzerl auf dem Rost nicht auseinanderfallen!

Zutaten

500 g frisches Hackfleisch
(vom Lamm, Wild oder Schwein)
1 große rote Zwiebel, fein gehackt
1 große weiße Zwiebel, fein gehackt
200 g magerer Bauchspeck, fein gewürfelt
1 Bd. großblättrige Petersilie, feingehackt
1 Kästchen Kresse, geschnitten
2 EL Schnittlauch, geschnitten
1 EL frischer Estragon, gezupft
2 EL frischer Majoran, gezupft
1 EL Zitronenthymian oder anderer Thymian, gezupft
1 EL geriebene Zitronenschale (ungespritzt)
2 frische Eier
2 EL Dijon-Senf
1 Tasse feine Haferflocken oder Semmelbrösel
Weißer Pfeffer, gemahlen
Meersalz
1/2 EL Cayennepfeffer
1 EL Cognac (nach Belieben)

Holzkohlengrill, Elektro- und Gasgrill, Backofengrill, Grillpfanne

Zarte Lammsteaks mit frischer Minze

Minze und Zitronenaroma heben den zarten Geschmack des Lammfleisches, das vom Grill besonders delikat schmeckt. Geben Sie einige frische Minzeblätter und frisch gepressten Zitronensaft über die fertigen Lammsteaks, einfach lecker!

1 Lammsteaks waschen und trockentupfen

2 Geriebene Zitronenschale, gehackte Kräuter, Minze und Knoblauch zum Olivenöl geben und mit dem elektrischen Rührstab oder im Mixer zerkleinern.

3 Lammsteaks in eine Schüssel geben, Kräuteröl dazugeben und wenden bis alle Seiten mit dem Kräuteröl bedeckt sind. Etwa 1 Stunde im Kühlschrank marinieren lassen.

4 Lammsteaks herausnehmen, abtropfen lassen und die Marinade aufheben. Auf den Rost legen und von beiden Seiten je nach Dicke jeweils 3-4 Minuten knusprig braun grillen. Während der Grillzeit öfter mit dem Kräuteröl bestreichen.

5 Vor dem Servieren einige Minuten in Alufolie eingepackt ruhen lassen.

Variante

Probieren Sie auch anstelle vom Hauslamm einmal Wildlamm: Muffelwild bekommen Sie beim Jäger oder Förster Ihres Vertrauens. Es schmeckt hervorragend mit gegrillten Speck- oder gerösteten Baconscheiben.

Tipp

Servieren Sie ganze Knoblauchknollen zu den Lammsteaks. Dazu 4 ganze Knollen quer durchschneiden, Schnittflächen mit 1EL Olivenöl bestreichen und mit den Schnittflächen nach unten auf den heißen Grill legen. Beidseitig ca. 10-15 Minuten grillen, bis die Zehen weich sind. Mit Meersalz bestreuen und heiß servieren.

Zutaten

4 küchenfertige Lammsteaks (z.B. vom Lammnacken)
1 Tasse Olivenöl oder Maiskeimöl
2-3 TL geriebene Zitronenschale (ungespritzt)
2 Knoblauchzehen, zerdrückt
1 Bund frische Minze (Nana-Minze), gewaschen, gezupft
1-2 frisches Rosmarin und Thymian, gezupft, gehackt
Saft von 1 Zitrone
Weißwein

Holzkohlengrill, Elektro- und Gasgrill, Backofengrill, Grillpfanne

Prächtiger Bison-Grillbraten in Senfkräutern

Bisonfleisch hat einen eigenen würzigen Geschmack und einen geringen Fettanteil. Die kurzen Fleischfasern machen es zart, der hohe Eisengehalt und ein besonders leicht verdauliches Eiweiß sorgen für einen extrem niedrigen Cholesterinwert. Außerdem stecken jede Menge Mineralien wie Selen, Zink und Kupfer im Fleisch. Bisons werden ohne Hormone, Wachstumsstoffe oder Antibiotika gezüchtet.

1 Das Bisonfilet salzen, pfeffern und mit Paprikapulver einreiben und auf dem Grill Farbe nehmen lassen. Dazu das Filet beim Grillen mehrmals wenden bis das typische Grillmuster entsteht.

2 In der Zwischenzeit die Senf-Kräutermischung anrühren und ein großes Stück Alufolie auslegen. Das Filet vom Grill nehmen und mit der Senf-Kräutermischung übergießen. Die Alufolie gut verschließen, sodass das Filet auf dem Grill gewendet werden kann, und keine Sauce herausfließt.

3 Nach ca. 25 Minuten ein Fleischthermometer hineinstechen und die Temperatur prüfen. Sowie das Filet knapp 60 Grad erreicht hat, ist es gut. Sofort vom Grill nehmen und weitere 10 Minuten ruhen lassen.

4 Auspacken, die Sauce auffangen und das Filet in finger-dicke Scheiben schneiden.

6 Personen

Tipp

Die angegebene Garzeit möglichst nicht überziehen, denn Bisonfleisch neigt zum Nachgaren. Zu langes Grillen macht Fleisch in der Regel trocken! Und es wäre schade um die saftigen Stücke!

Zutaten

900 g Bisonfilet, frisch oder tiefgefroren
1 TL Paprikapulver
Salz
Schwarzer Pfeffer aus der Mühle

Für die Senf-Kräutermischung:

125 g Dijon-Senf
150 g Honigsenf (Fertigprodukt)
10 Knoblauchzehen, fein gewogen
1 Handvoll frische Salbeiblätter, fein gehackt
1 Handvoll frischer Oregano, feingehackt
1 EL schwarze Pfefferkörner, grob geschrotet

Holzkohlengrill, Elektro- und Gasgrill, Backofengrill, Grillpfanne

DER GRILL-CONTEST

Schulz hatte sich's eben mit dem ersten Feierabendbierchen in der Hollywood-Schaukel bequem gemacht, als Nachbar Finke mit der Tageszeitung winkend angelaufen kam.

Er hält die Zeitung mit der Headline „Barbeque Contest - Hauptpreis eine Woche Mallorca!" hin und sagt. „Schulz, dat isset! Lies dat ma." Und beschwörend setzt er dazu „Da machen wir mit, Junge!"

Schulz schaut ihn skeptisch an und ruft nach hinten „Erna, bring doch ma dem Schulz ´n Pilsken." Dann nimmt er die Zeitung und studiert den Artikel, während Finke sich schon siegessicher die Hände reibt.

„Babeku - wat is dann denn überhaupt?" fragt Schulz verständnislos.

„Na dat neue Wort fürs Grillen, Freund! Und wenn wir eins können, dann doch wohl dat, nich?" Finke schaut in den Himmel und schwärmt: „Erinnerste dich noch an die Sause am Baggersee?" Dann schlägt er Schulz unsanft auf die Schulter „Mensch Kumpel, da haben wir mit unseren Schweinebauch doch die tollsten Bräute angelockt!"

„Da erinnere ich mich noch gut dran." Kommt von hinten Sonjas Kommentar. „Hier sind ma eben drei Pilskes. Ich hab keine Lust den ganzen Abend die Servier-Tante zu machen. Um wat geht et denn hier überhaupt?"

„Ne Babeku-Kontest" erwidert ihr Mann äußerlich genervt aber innerlich schon überzeugt. „Da hast du sounso keine Ahnung davon." Sonja zieht eingeschnappt davon.

„Ich seh´ schon, du weißt worum et jeht." Finke schaut seinen Nachbarn verschwörerisch an und die beiden prosten sich zu. „Die Anmeldung mach ich morgen schoma klar. Damit uns da ja nix durch die Lappen geht. Stell dir vor, Kumpel: wir beide grillen uns nach Mallorca..."

Für kommendes Wochenende wird die Generalprobe anberaumt. Wobei die Gäste natürlich nichts davon wissen dürfen, dass sie als Testkaninchen eingeladen werden.

Schulz und Finke haben sich zu allem Grillgut Strichlisten gemacht, die sie nach der Mimik der Gäste beim Essen bewerten und ausfüllen. Die ersten drei nominieren sie für ihr „Drei-Gänge-Menü vom Grill".

Eine Woche später startet der Barbeque-Contest. „Grillplatz Nummer 86" sagt der Leiter der Veranstaltung und drückt Schulz den Geländeplan in die Hand. „Das ist dort drüben, meine Herren", fügt er freundlich hinzu als er die fragenden Gesichter sieht.

„Sach ma, wat is denn hier Sache?" raunt Schulz als sie mit ihrem alten Kugelgrill und der Kühlbox zum zugeteilten Standplatz marschieren. „Hasse ma die komischen Geräte von denen gesehen? Hei-Tech sach ich nur! Und wie die aussehen ... Mit Kochmütze und so ... Mensch Finke, hier haste uns in wat rein manövriert!"

Zwischendurch studiert er die Menüauswahl der Teilnehmer: „1. Jakobsmuscheln in Seetang an Pflaumensoße, 2. Schinkenbraten mit Trüffeln, 3. Variationen von Waldbeeren in Vanillerauch" liest er vor, unaufhörlich mit dem Kopf schüttelnd.

Um 14 Uhr fällt der Startschuss. Links und rechts fliegen Pfannkuchen durch die Luft, wird Trockeneis geliefert und schreien sich die Leute an.

Schulz und Finke, in Bahamahemd und Gesundheitslatschen brutzeln und braten als ginge es um ihr Leben. 1. Hähnchenleber mit Thymian, 2. Schweinebauch à la Finke, 3. geröstete Bananen mit Honig

Nach einer halben Stunde ist der Spuk vorbei. Die Grillhelden haben Kostproben bei der Jury abgeliefert und können nur noch warten.

Schweißgebadet und in der Hoffnung, bald aus dieser Arena entfliehen zu können, setzen sie sich ins Gras. „He Schulz, du hast dich sicher wat zu trinken in deiner geheimnisvollen Kühlbox, wa?“

„Aber sicher Kumpel.“ Plopp, plopp, „Wat soll dat? Der Sommer am Baggersee is ja auch wat tolles. Wat brauchen wir Mallorca? Ich hab ja hier schon so wat geahnt...die sind doch alle nicht von dieser Welt. Aber wat soll dat... Prösterchen!“

Acht Flaschen später sind von der 12-köpfigen Jury alle kulinarischen Wunderwerke verkostet. Ein Mann in Anzug und Krawatte tritt mit einem schnurlosen Mikrofon in die Mitte des Platzes, wo sich alle Teilnehmer, außer Schulz und Finke, aufgereiht haben wie die Nationalelf vor dem Länderspiel. Die beiden sehen sich das Spektakel lieber aus der Ferne an.

„Meine Damen und Herren“, verkündet der Ansager mit theatralischen Gesten, „wir hatten heute, wie auch in den vorangegangenen Jahren, Wettbewerbsteilnehmer aus aller Welt mit vorbildlichen Kreationen als Highlights für jeden 5-Sterne-Grillabend.“ Er machte eine Pause. „Die Jury hat sich dieses Jahr für eine klassische Komposition entschieden.

Die „Goldene Grillgabel“ und eine Reise für zwei Personen nach Mallorca gehen an das Team...“ wieder eine Pause und dann lang gezogen: „Schulz-Finke!“

Die beiden Helden sind schlagartig nüchtern und lassen sich noch Stunden auf dem anschließenden BBQ-Ball feiern.

Sie haben eine großartige Leistung gebracht und alles was ihnen noch Sorge macht: „Wie bringen wir dat denn nu Sonja bei?“

BA BE
KU?

Mixed Grill mit Pfirsichen und Steinpilzen

Wenn im Spätsommer die letzten Weinbergpfirsiche ihr volles Aroma entfalten und im Wald die ersten fetten Steinpilze sprießen, dann sollten Sie den Grill anheizen und sich den Genuss dieser Spezialität vom Grill nicht entgehen lassen.

1 Würstchen mit heißem Wasser überbrühen, damit die feine Haut beim Grillen nicht platzt.

2 Schweine- und Rinderfilets mit Salz und frisch gemahlenem Pfeffer einreiben und mit Öl einpinseln

3 Würstchen und Filetstücke auf jeder Seite ca. 5-7 Minuten knusprig braun grillen und am Grillrand einige Minuten ruhen lassen.

4 In der Zwischenzeit die geschnittenen Frühlingszwiebeln kurz in Butter andünsten, Steinpilze dazugeben und 2-3 Minuten Farbe nehmen lassen. Dann die Pfirsichspalten dazugeben und weitere 2 Minuten dünsten. Mit Meersalz und grob geschrotetem Pfeffer abschmecken, Petersilie darüber geben und zum Mixed Grill servieren.

Variante

Auch Lammkoteletts und grobe Wildwürstchen passen zum Mixed Grill. Falls Sie frische Morcheln aufgabeln können, dann schlagen Sie zu! Denn der Genuss ist wirklich sensationell.

Zutaten

4 feine Bratwürste
4 Scheiben Schweinefilet, ca. 2 cm dick
4 Scheiben Rinderfilet, ca. 2 cm dick
4 frische Weinbergpfirsiche, gehäutet, in Spalten geschnitten
4 kleine Steinpilze, geputzt, in Scheiben
2 Frühlingszwiebeln, dünn geschnitten
1 Handvoll großblättrige Petersilie, gehackt
2 EL Walnuss- oder Haselnussöl
Meersalz
Schwarzer Pfeffer, grob geschrotet
2 EL Butter

Holzkohlengrill, Elektro- und Gasgrill,
Backofengrill, Grillpfanne

Peppige Pepperburger

Am besten schmecken Hamburger, wenn sie saftig, knusprig und schön scharf direkt vom Grill ins Brötchen wandern. Nach Lust und Laune lassen sich selbst die Saucen dazu zaubern, mehr oder weniger Mayonnaise, Senf, Ketchup oder Remouladensauce. Meine liebste Version hat Pepp und schmeckt exotisch-feurig dank Chili, Kreuzkümmel und Korianderkraut.

1 Rinderhackfleisch mit Zwiebel, Knoblauch, Tabasco, Thai-Chili, Kreuzkümmel und Korianderblättern und den zerdrückten roten Bohnen zu einem Teig vermischen.

2 Mit Salz und Pfeffer abschmecken und 8 gleich große Hamburger daraus formen.

3 Die Burger mit Öl einpinseln und auf dem vorgeheizten Grill je 5-7 Minuten knusprig garen, bis auf beiden Seiten das Grillmuster entsteht.

4 Parallel die Hamburger- oder Mehrkornbrötchen aufschneiden und am Grillrand von beiden Seiten leicht anrösten.

5 Brötchenhälften jeweils mit Mayonnaise, Senf, Remouladensauce und/oder Ketchup bestreichen. Hamburger auf je 2 Salatblätter und Tomatenscheiben legen mit Zwiebelringen belegen und zwischen die gerösteten Brötchenhälften stecken.

Tipp

Falls der Fleischteig zu feucht gerät, noch etwas mehr Haferflocken oder Semmelbrösel untergeben, damit die Hamburger auf dem Rost nicht auseinanderfallen!

Variante

Die Pepperburger lassen sich auch mit Lamm- oder Wildhackfleisch zubereiten. Wer es kräftiger mag, veredelt seinen Burger noch mit knusprig gebratenen Baconscheiben.

Zutaten

500 g Rinderhackfleisch (Hüfte oder Nuss)
1-2 rote Zwiebeln, fein gehackt
2 Knoblauchzehen, mit Salz zerdrückt
½ TL Tabasco
1 Thai-Chilischote, gehackt
1 handvoll frisches Korianderkraut, gezupft
½ TL Kreuzkümmel, im Mörser leicht angerieben
1 Dose rote Bohnen, abgetropft, zerdrückt
Meersalz
Schwarzer Pfeffer, grob geschrotet
1 EL Sonnenblumenöl
8 Hamburger- oder Mehrkornbrötchen
Mayonnaise, Dijon-Senf, Ketchup, Remouladensauce
16 frische, große Salatblätter (Kopfsalat)
2 große Tomaten, in Scheiben geschnitten
1 Zwiebel, in Scheiben geschnitten

Evtl. Haferflocken oder Semmelbrösel zum Binden des Fleischteigs

Holzkohlengrill, Elektro- und Gasgrill, Backofengrill, Grillpfanne

GEFLÜGEL

Leckeres Zitronenhähnchen vom Drehspieß

Innen zart und saftig, außen braun und knusprig, so schmeckt Geflügel vom Grill am allerbesten. Wenn Sie Bio-Geflügel erwischen, nehmen Sie gleich mehrere Hähnchen, denn bleibt etwas übrig, kein Problem. Gegrillt schmecken sie auch kalt z.B. mit Knoblauch-Mayonnaise besonders gut. Achten Sie beim Einkauf darauf, dass die Haut rundherum intakt ist.

1 Alle Zutaten für die Marinade in der Küchenmaschine fein pürieren. Evtl. etwas Öl zugeben bis eine geschmeidige Paste entsteht.

2 Zitronen in dünne Scheiben (0,5 cm) aufschneiden. Dicke Enden wegwerfen. Die Hähnchen innen und außen waschen, trocken tupfen, salzen und pfeffern.

3 Die Haut an Hals und Bauchseite vorsichtig vom Brustfleisch lösen, ohne dass sie einreißt. So viele Zitronenscheiben wie möglich vorsichtig unter Brust- und Rückenhaut schieben. Dazu die Haut immer wieder vorsichtig lösen. Hähnchen mit den restlichen Zitronenscheiben füllen und einige Zweige Zitronenthymian hineinstecken. Die Hähnchen mit Küchengarn so zubinden, dass weder Flügel noch Schenkel abstehen.

4 Die beiden Hähnchen rundherum mit der Marinade einpinseln und 30 Minuten marinieren lassen. Anschließend abtropfen und Marinade auffangen.

5 Auf den Drehspieß stecken und befestigen. Ca. 45-60 Minuten unter Drehen grillen. Dabei immer wieder mit der Marinade bestreichen, bis das Fleisch innen gar und die Haut außen knusprig ist. Vor dem Aufschneiden 10 Minuten in Alufolie ruhen lassen.

Tipps

Kein Drehspieß zur Hand? Dann teilen Sie die marinierten Hähnchen in Hälften und grillen sie mit der Hautseite nach oben 20 Minuten, nach dem Wenden weitere 20-30 Minuten bis sie gar sind.

Machen Sie die Garprobe mit dem Fleischthermometer an der dicksten Stelle des Schenkels gegen Ende der Grillzeit. Geflügel ist bei 85 Grad gar.

Zutaten

2 Hähnchen à 1200 g
4 Zitronen, ungespritzt
Meersalz
Schwarzer Pfeffer, grob geschrotet
Einige Zweige Zitronenthymian

Für die Marinade:

4 EL Olivenöl
Je 1 Handvoll frisches Koriandergrün & Zitronenthymian
3 Knoblauchzehen, geschält
4 Frühlingszwiebeln, in Ringe geschnitten
Abgeriebene Schale und Saft einer ungespritzten Zitrone
Küchengarn

Holzkohlengrill, Elektro- und Gasgrill, Backofengrill, Grillpfanne

Wildtauben mit Rosmarin

Wildtauben sind ideal zum Grillen, denn ihr Fleisch ist wunderbar zart und saftig und ausgesprochen wohlschmeckend. Rechnen Sie mit einer Taube pro Person - das ist eine gute Portion die man direkt vom Grill auf die Hand nehmen kann, ohne lästige Teller und Besteck. Mit vielen aromatischen Kräutern wie frischem Rosmarin, Thymian und Zitronengras aromatisiert sind sie vom offenen Holzkohlengrill eine ganz besondere Delikatesse.

1 Rosmarin, Thymian, Zitronengras, Zitronensaft, Frühlingszwiebeln und Knoblauch im Mixer rasch zerkleinern. Evtl. etwas Sesamöl zugeben, bis eine sämige, feine Marinade entsteht. In eine kleine Schüssel geben und mit Salz und Pfeffer abschmecken.

2 Die Tauben innen und außen mit der Marinade einstreichen und mindestens eine Stunde marinieren lassen.

3 Vor dem Grillen überschüssige Marinade abtropfen lassen, auffangen und jeweils einen Zweig Rosmarin in die Bauchhöhle stecken. Flügel und Schenkel der Tauben mit Küchengarn festbinden, sodass sie nicht abstehen.

4 Während des Grillens öfter mit der restlichen Marinade bestreichen. Ab und zu wenden.

5 Tauben brauchen ca. 15-20 Minuten pro Seite auf dem Rost (nicht länger, sonst werden sie trocken!). Wenn sie an den Knochen noch leicht rosa sind, schmecken sie am besten. Zum Servieren rosa Pfeffer drübergeben und mit den restlichen Rosmarinzweigen dekorieren.

Variante

Auch marinierte Wachteln (100-150 g schwer) vom Grill sind eine Delikatesse. Achten Sie dabei auf die kürzere Garzeit (10-15 Minuten) sonst wird das Fleisch trocken.

Zutaten

4 Jungtauben à ca. 250 g haushaltsfertig
Rosa Pfeffer, grob geschrotet
1 Bund Rosmarinzweige
1 Pinsel
Küchengarn

Marinade:

2 Knoblauchzehen, mit Salz zerdrückt
4 EL Rosmarinnadeln, gezupft
Saft einer Zitrone
2 El Thymian, gezupft
1 Stängel frisches Zitronengras, fein geschnitten
2 Frühlingszwiebeln, in Ringen
2 EL dunkles Sesamöl
Meersalz
Schwarzer Pfeffer aus der Mühle

Holzkohlengrill, Elektro- und Gasgrill, Backofengrill, Grillpfanne

„Volker, ich mache mir Sorgen. Du bist zu wenig bei den Kindern“ hatte Volkers Frau Sabine ihm gesagt, als er das Haus verließ.

Im Vorübergehen zog sie eine Stunde später ein Schreiben aus dem Faxgerät mit der Überschrift „Operation Robinson!“. Dann folgte eine Packliste und ein paar Instruktionen und als Unterschrift „Dein Schatz - PS: Verrate den Kindern nichts.“

Ohne lange zu fackeln machte sie sich begeistert an die Liste und kurze Zeit später standen zwei alte Umzugskartons im Flur. Mit einem kleinen Ablenkungsmanöver hatte sie sogar heimlich die nötigsten Sachen der Kids einpacken können. Nun galt es nur noch, das Gepäck unbemerkt im Auto zu verstauen, sobald Volker ankam.

Alina und Stefan schauten sich verwundert an, als sie plötzlich Papas Stimme hörten. Ganz verblüfft folgten Sie seiner Aufforderung ins Auto zu steigen. „Ich habe eine Überraschung für euch“ war die einzige Auskunft, die sie erhielten.

Zwei Stunden später stoppte der Wagen mitten im Wald. „Jetzt kommt die Nummer mit Hänsel & Gretel, sie setzen uns aus“ murmelte Stefan seiner Schwester zu und alle lachten.

Erst als die Kisten im Kofferraum zum Vorschein kamen, realisierten die Kids: ein echtes Outdoor-Wochenende. „Papa, wo sind die Zelte?“ fragte Alina, nachdem sie beide Kartons durchsucht und nur ein paar Lebensmittel und einige Werkzeugteile gefunden hatte. „Es gibt keine! Wir werden uns eine Unterkunft bauen.“ war die Antwort.

Es wurden Äste und Blätter gesammelt und rechtzeitig, vor Einbruch der Dämmerung, stand das selbst gebaute Robinsonzelt. Matt und hungrig, aber stolz, bewunderte die Familie ihr Wochenendheim - aus Ästen geflochtene Wände und ein richtiges Laubdach. „Lasst uns Feuerholz sammeln! Eure Mutter wird uns sicher noch was Gutes kochen.“

Volker zwinkerte seiner Frau zu, während die Kids bereits durch den Wald sausten und sammelten.

An diesem Abend gab es auf offenem Feuer geröstete Hähnchenschenkel, die noch nie vorher so lecker schmeckten.

Es folgten Pläne für den nächsten Tag. Waschen am Bach, frühstücken und dann los auf Entdeckungstour. Die Kinder schlugen eine kleine Schnitzeljagd vor. Für den Abend hatte der zuständige Revierjäger seinen Besuch und genügend Rehmedaillons zugesagt. Er war seit Studienzeiten mit Volker befreundet und hatte dieses „wilde Campen“ ausnahmsweise in seinem Revier genehmigt.

Sehr spät noch saß die Familie um das Feuer herum und man erzählte sich Geschichten, die im Wohnzimmer nie zur Sprache gekommen wären.

Allmählich machte sich eine wohlige Müdigkeit breit. Nach und nach verkrochen sich die Kinder und Sabine unter dem Blätterdach.

Volker legte das Feuer noch einmal nach und starrte zufrieden in die Flammen bis sie erloschen.

DAS ROBINSON

-WOCHENENDE

FISCH

Steckerlfische

Steckerlfisch' braten ist ein kulinarisches Highlight! Mein erster war aufgespießt auf einem schräg zugeschnittenen Haselnuss-Stock und kräftig mit Rosmarin und Thymian gewürzt. Gegrillt wurde er über offenem Feuer. Der Geschmack war unvergleichlich gut. Seither gehören Steckerlfische zu meinem schönsten kulinarischen Outdoor-Erlebnissen! Am besten geeignet sind für dieses Grillvergnügen im Freien kleine bis mittelgroße Fische z.B. Heringe, Sardinen, Sprotten oder Makrelen.

1 Die küchenfertigen Makrelen von innen mit Zitronensaft beträufeln, innen und außen gut salzen und pfeffern und je ein Zweiglein Rosmarin, Thymian und Majoran in die Öffnung stecken. Kurz ruhen lassen.

2 Angespitzte Spieße durch das Maul einstecken und am Schwanzende wieder austreten lassen. Mit etwas Mehl bestäuben und aufpassen, das die Kräuter möglichst mitbraten).

3 Anschließend die Stöcke neben der Glut eines zünftigen Lagerfeuers oder eines Grills fest in den Boden stecken, sodass die Fische schräg über der Glut stehen. Stöcke öfter drehen und Fische mit Butter bepinseln. In ca. 10-14 Minuten (je nach Dicke) von allen Seiten knusprig braun brutzeln.

4 Mit einem Stück Pergamentpapier vom Stecken nehmen (Vorsicht heiß!) und mit Zitronensaft beträufelt direkt aus der Hand essen.

Tipp

Die Steckerlfische lassen sich auch direkt auf dem Holzkohlengrill braten. Kleine Fische dabei auf Alufolie legen, größere direkt auf den Grillrost geben und bei hoher Temperatur von allen Seiten grillen.

Variante

Probieren Sie auch Knoblauchbrot am Spieß: Dazu mit gegrilltem Knoblauch (10 Minuten in der Asche garen) eingeriebenes Weißbrot mit Olivenöl einpinseln und über dem Feuer rösten. Das macht richtig Spaß und schmeckt herrlich!

Zutaten

4 kleine Makrelen, ausgenommen
jedoch mit Kopf, Schwanz und Flossen
Saft einer Zitrone
Meersalz
Weißer Pfeffer, gemahlen
Mehl zum bestäuben
Je 4 Zweige Rosmarin, Thymian, Majoran
Etwas flüssige Butter
4 frisch geschnittene Holzstöcke (50-60 cm lang), an der Spitze schräg angeschnitten und ca. 1 Stunde gewässert
1-2 Zitronen, aufgeschnitten
1 Pinsel

Lagerfeuer, Holzkohlengrill

Forelle mit frischem Sauerampfer vom Rost

Forellen werden in verschiedenen Arten angeboten z.B. Bach-, Regenbogen- und Meeresforellen. Unter den Forellen haben die Lachsforellen den besten Geschmack. Rosa gefärbt ist ihr Fleisch weil sie kleine rote Krebse fressen. Es gibt verschiedene Varianten sie zu grillen. Entweder gut gewürzt in Alufolie, oder im Grillkorb über Holzkohle oder unter dem Backofengrill garen. Gesteigert wird das eigene Aroma der Forellen durch frische Kräuter wie Sauerampfer oder Salbei.

1 Forellen waschen und trockentupfen. Sauerampfer waschen und in Streifen schneiden

2 Schalotten schälen und fein hacken

3 Forellen innen mit Senf bestreichen, salzen und pfeffern und mit 2/3 des Sauerampfers und den Zwiebeln füllen.

4 Forellen mit Walnussöl einpinseln und auf dem vorgeheizten Grill 3-4 Minuten auf jeder Seite grillen.

5 Die Butter mit 1/3 des Sauerampfers und den übrigen Kräutern vermengen. In Alufolie zu einer Rolle formen und im Kühlschrank hart werden lassen und zu den fertig gegrillten Forellen servieren.

Tipp

Größere Forellen lassen sich am besten in Grillkörben (in Fischform) grillen. So können sie nicht auseinanderfallen und das Umdrehen beim Grillen wird einfacher.

Variante

Versuchen Sie Saiblinge, Schleien, Renken, Brassen oder Schollen vom Grill.

Zutaten

4 Lachsforellen (ca. 300 g), küchenfertig
3 Bund Sauerampfer oder 1 Bd. Salbei, gezupft
2 Schalotten
2 TL Senf
Meersalz
Schwarzer Pfeffer
5 EL Walnußöl oder anderes Pflanzenöl
125 g weiche Butter
1 Handvoll gemischte, gehackte Kräuter (Kerbel, Petersilie, Oregano, Kresse, Salbei, Zitronenmelisse)

Holzkohlengrill, Elektro- und Gasgrill, Backofengrill, Grillpfanne

Gegrillte Sardinen mit Speck

Sardinen sind klein und schmecken vom Holzkohlengrill einfach am besten. Sie haben eine kurze Garzeit und lassen sich unkompliziert und rasch in Leckerbissen verwandeln. Beim Grillen entweicht das Fett und lässt die Haut wunderbar knusprig werden. Gleichzeitig entfaltet sich das typische Grillaroma. Beim Einkauf gilt: Lieber mehr als weniger. Sardinen sind mit Abstand die begehrtesten Grillfavoriten.

1 Feingehackte Paprikaschote, zerdrückter Knoblauch und gehackte Kräuter zusammen mit dem Olivenöl in den Mixer geben, fein pürieren und mit Salz und Pfeffer abschmecken. Etwa 30 Minuten durchziehen lassen.

2 In der Zwischenzeit Sardinen vorsichtig schuppen und ausnehmen. Am einfachsten benutzt man dazu eine kleine Schere und trennt die Unterseite damit vorsichtig auf um die zarte Haut nicht zu zerreißen. Unter fließendem Wasser säubern und in einer Schüssel mit dem Kräuteröl 1 Stunde marinieren lassen.

3 Aus der Marinade nehmen, kurz abtropfen lassen, mit Bacon umwickeln und auf dem heißen Rost von beiden Seiten jeweils 2-3 Minuten knusprig garen.

Variante

Mit der Marinade lassen sich auch kleine Rotbarben zubereiten. Ihr Fleisch ist weiß und zart und bekommt durch den Holzkohlenduft einen besonders mediterranen Geschmack.

Tipp

Falls die Fische für den Rost zu klein sind, Alufolie unterlegen.

Zutaten

20 Sardinen, je 50-70 g
20 Scheiben Frühstücksspeck oder Bacon, dünn geschnitten
2 Knoblauchzehen, mit Salz zerdrückt
1/8 l Olivenöl
3 EL feingehackte Kräuter, Petersilie, Salbei, Rosmarin
1 rote Paprikaschote, geputzt, sehr fein gewürfelt
Meersalz, Schwarzer Pfeffer aus der Mühle

Holzkohlengrill, Elektro- und Gasgrill, Backofengrill, Grillpfanne

GEMÜSE UND BROT VOM GRILL

Geröstete Auberginen mit Zitronenthymian

Die besten Auberginen sind klein (15-20 cm), fleischig und tieflila. Sie sind das ganze Jahr über frisch und stammen aus Italien, Israel oder Spanien. Sanft im Geschmack, lassen sie sich auf dem Grill in wahre Gewürzgranaten verwandeln. Achten Sie beim Einkauf darauf, dass die Auberginen keine Druckstellen haben und die Haut unverletzt ist.

1 Mischen Sie den zerdrückten Knoblauch und das Olivenöl in einer kleinen Schüssel und streichen sie die Schnittflächen der Auberginen mit dem Öl ein.

2 Kräuter und Gewürze in einer weiteren Schüssel mischen. Mit Salz und Pfeffer abschmecken.

3 Auberginen mit den Schnittflächen auf den heißen Grill legen bis sie eine schöne braune Farbe zeigen (ca. 3-4 Minuten).

4 Jetzt die violetten Oberseiten mit dem Öl einpinseln und auf den heißen Rost legen und die gegrillten Schnittflächen mit der Kräutermischung bepinseln und in weiteren 6-8 Minuten fertig garen.

Zutaten

4 kleine Auberginen, längs aufgeschnitten
2 Knoblauchzehen, mit Salz zerdrückt
3 EL Olivenöl
3 EL Zitronenthymian, gezupft
½ TL Rosmarin, gezupft
½ TL Basilikum, gezupft
1 TL Rosenpaprika
½ TL Cayennepfeffer (nach Belieben)
Meersalz
Schwarzer Pfeffer aus der Mühle

Holzkohlengrill, Elektro- und Gasgrill, Backofengrill, Grillpfanne

Variante

Probieren Sie auch Zucchinihälften auf diese Weise zu grillen. Achten Sie dabei auf die Garzeiten. Zucchini haben weicheres Fleisch und sind in kürzester Zeit gar.

Gemüse-Kebab am Holzspieß

Gemüse lässt sich ebenso wie Fleisch bestens über dem offenen Feuer grillen. Wenige Sorten wie Kartoffeln, Süßkartoffeln oder Rote Bete gelingen am besten aus der Asche. Große Grill-Spezialisten dagegen sind Auberginen, Paprika, Zucchini, Pilze und Tomaten. Sie lassen sich hervorragend über dem Rost garen und entwickeln über Holzkohle den typischen Rauch-Geschmack.

1 Paprika und Tomaten waschen, trocken tupfen und abwechselnd mit den Pilzen auf die Holzstäbchen spießen.

2 Alle Gemüse rundherum mit Olivenöl einpinseln und mit Meersalz und schwarzem Pfeffer würzen.

3 Auf den heißen Grill legen, öfter wenden und während des Grillens weiter mit Olivenöl einpinseln. Auf jeder Seite ca. 4-6 Minuten grillen, bis die Spieße gar sind.

4 Zum Schluss mit Zitronensaft beträufeln und sofort servieren.

Tipp

Benutzen Sie beim Grillen Handschuhe, denn die Holzspieße werden rasch sehr heiß.

Variante

Stecken Sie auch andere Gemüsesorten dazwischen: z.B. Spalten von Fenchelknollen, kleine Zwiebeln, Zucchini- und Auberginen-scheiben

Zutaten

8 kleine grüne oder gelbe Paprikaschoten
6 reife Cocktailtomaten
16 große Champignons
4 EL Olivenöl
Meersalz
Schwarzer Pfeffer aus der Mühle
Saft einer Zitrone
8 lange Holzstäbchen (30 cm), gewässert

Holzkohlengrill, Elektro- und Gasgrill, Backofengrill, Grillpfanne

Riesenchampignons und Zucchini vom Grill

Gefüllte Champignons lassen sich auf dem Holzkohlengrill problemlos garen. Sie speichern den aromatischen Rauch und schmecken deswegen besonders gut.

1 Pilze abreiben und die Stile entfernen. Zucchini waschen, die Enden abschneiden, der Länge nach halbieren und die Kerne mit einem Teelöffel herausschaben.

2 Geriebene Haselnüsse, Semmelbrösel, Malzbier und Käse mischen und mit Salz und Pfeffer abschmecken. Ist die Masse zu trocken noch etwas Malzbier unterrühren.

3 Masse in Pilzköpfe und Zucchinihälften füllen. Salbeiblätter durch das Haselnussöl ziehen und auf Pilze und Zucchini verteilen.

4 Auf dem Rost in etwa 10-15 Minuten garen.

Zutaten

4 Riesenchampignons
4 kleine Zucchini
60 g Haselnüsse, gemahlen
60 g Semmelbrösel
12 EL Malzbier
75 g Gorgonzola, zerdrückt
1 Handvoll frischer Salbei, gezupft
2 EL Haselnussöl
Meersalz
Schwarzer Pfeffer aus der Mühle

Holzkohlengrill, Elektro- und Gasgrill, Backofengrill, Grillpfanne

Tipp

Oft sind die Grillroste zu groß, sodass Grillgut zwischen den Gitterstäben durchfällt. In dem Falle eignen sich Grillschalen mit Öffnungen gut, der Holzkohlengeschmack dringt ein und vom Gemüse geht nichts verloren.

Rote Zwiebeln und grüne Tomaten vom Rost

Geröstete Zwiebeln und Tomaten ergänzen sich in ihrem milden Aroma und entfalten mit Basilikum und Knoblauch gewürzt ein besonders feines Aroma. Zusammen mit duftendem Fladenbrot oder Stockbrot genossen, eine besondere Leckerei vom Grill.

1 Zwiebeln schälen und in 2 cm dicke Scheiben schneiden. Tomaten waschen und in 1,5 cm dicke Scheiben schneiden.

2 Olivenöl mit Knoblauch und Basilikum verrühren. Mit Salz und Pfeffer würzig abschmecken.

3 Zwiebel- und Tomatenscheiben in die Marinade geben, kurz abtropfen lassen und auf den geölten, heißen Grill legen.

4 Während des Grillens öfter wenden und in 8-10 Minuten langsam garen.

Variante

Probieren Sie dazu auch Salbei-Butter mit rotem Pfeffer und geröstetes Knoblauchbrot am Spieß.

Ihr Fleisch ist weiß und zart und bekommt durch den Holzkohlenduft einen besonders mediterranen Geschmack.

Zutaten

4 große rote Zwiebeln
4 große grüne Tomaten,
8 EL Olivenöl
3 Knoblauchzehen, mit Salz zerdrückt
1 Bd. frisches Basilikum, fein gehackt
Grobes Meersalz
Schwarzer Pfeffer aus der Mühle

Holzkohlengrill, Elektro- und Gasgrill, Backofengrill, Grillpfanne

Knusprige Bohnenküchlein

Einfach herzustellen und besonders lecker: Bohnenküchlein stammen ursprünglich aus Mexiko, wo sie in besonders scharfer Variante heiß begehrt sind. Für unsere Zungen reicht folgender Schärfegrad:

1 Jeweils 1/3 der roten und schwarzen Bohnen zusammen mit der Gemüsebanane im Mixer pürieren.

2 In einer Pfanne Butter heiß werden lassen, Zwiebelwürfel, Knoblauch, Chilischote und Peperoncini andämpfen.

3 Anschließend Tomatenpüree, restliche ganze Bohnen, Bananen-Bohnen-Püree und Haferflocken zugeben. Mit gemahlenem Kreuzkümmel und Salz würzen. 30 Minuten im Kühlschrank ruhen lassen.

4 12 flache Küchlein formen und auf den heißen, geölten Rost geben und beidseitig jeweils 3 Minuten knusprig braun grillen.

Variante

Haben Sie frische Kräuter zur Hand? Dann mischen Sie gehackte Kresse, großblättrige Petersilie oder Schnittlauch unter den Bohnenbrei, das macht die Küchlein noch aromatischer.

Zutaten

150 g rote Bohnen (Dose)
150 g schwarze Bohnen (Dose)
1 reife Gemüsebanane (400 g), grob geschnitten
1 EL Butter
1 rote Zwiebel, fein gehackt
2 Knoblauchzehen, zerdrückt
1 kleine rote Chilischote, gehackt
1-2 grüne Peperoncini, entkernt, fein gehackt
2 EL Tomatenpüree
½ TL Kreuzkümmel, gemahlen
1 TL Meersalz
100 g Haferflocken

Holzkohlengrill, Elektro- und Gasgrill, Backofengrill, Grillpfanne

Butterzarte Zwiebeln und Kartoffeln aus der Asche

Die einfachste Methode rasch leckere Beilagen für Fleisch und Fisch zu zaubern ist Gemüse aus der Asche. Die Kochmethode ist uralt und wirklich simpel: Die Gemüsezwiebeln werden einfach zwischen die heißen Kohlen gesteckt. Die äußeren Schalen nehmen den köstlichen Holzkohlengeschmack an, während das Innere auf sanfte Weise langsam gegart wird. Besonders geeignet sind fleischige, mehlige Kartoffelsorten und weiße, milde Gemüsezwiebeln in der Schale.

1 Kartoffeln und Zwiebeln mit Schalen möglichst nebeneinander tief zwischen die heißen aber nicht mehr brennenden Holzkohlen legen, sodass sie von Glut umgeben sind. So lassen sie sich leichter nach Ende der jeweiligen Garzeit herausfischen. Ein weiterer Vorteil: Sie garen gleichmäßiger.

2 Zwiebeln nach etwa 20-30 Minuten, Kartoffeln nach 50-60 Minuten anstechen, wie bei Kochkartoffeln, um zu prüfen ob sie gar sind.

3 Kartoffeln und Zwiebeln werden aus der Schale gegessen. Dazu Asche mit einem Pinsel entfernen und in der Mitte mit einem scharfen Messer aufschneiden.

4 Zwiebeln mit Aceto Balsamico, Olivenöl, Meersalz und frisch gemahlenem Pfeffer würzen. Kartoffeln zusammen mit Salzbutter und Saurer Sahne oder Creme fraîche auslöffeln.

Tipp

Die Kartoffeln und Zwiebeln holt man am besten mit der Grillzange aus der Asche.

Variante

Lecker schmecken auch Süßkartoffeln, Knoblauch und Kastanien aus der Glut.

Zutaten

4 große Gemüsezwiebeln, mit Schale
4 große Kartoffeln (je 250 g), mit Schale
Aceto Balsamico, Olivenöl, Meersalz, Pfeffer aus der Mühle
Salzbutter, Saure Sahne oder Crème fraîche, 1 Pinsel

Holzkohlengrill, Elektro- und Gasgrill,
Backofengrill, Grillpfanne

Duftendes Fladenbrot

Warmes duftendes Brot schmeckt zu allem was vom heißen Grill kommt. Selbstgebackenes Brot lässt sich gut vorbereiten und auf dem heißen, geölten Grill aufbacken. Mischen Sie dem Brotteig eine Handvoll frisch geschnittener Kräuter wie Rosmarin oder Thymian oder feine Streifen getrockneter Tomaten unter. Der Geschmack ist unvergleichlich.

1 Mehl in eine Schüssel geben und eine Mulde eindrücken.

2 Hefe, Rohrzucker und Wasser in der Mulde zu einem dünnen Brei anrühren, mit etwas Mehl bestreuen und warten bis der Teig aufschäumt (ca. 30 Minuten).

3 Butter, Wasser, schwarzer Sesam und Salz dazugeben und zu einem glatten, weichen Teig verarbeiten. Zugedeckt an einem warmen Ort bei ca. 20-30 Grad auf das Doppelte aufgehen lassen (ca. 90 Minuten).

4 Teig in 4 Portionen teilen und ca. 1 cm dicke Fladen formen.

5 Über starker Glut auf den Grillrost legen und beidseitig je ca. 3 Minuten grillen. Dann die Fladen an den Rand schieben und bei schwacher Glut in ca. 6 Minuten fertig grillen.

Tipp

Fladenbrote vorbacken: Dazu den Backofengrill auf 240 Grad vorheizen und die Fladen jeweils 5 Minuten von jeder Seite kross backen bis sie gar sind. Auskühlen lassen und vor Gebrauch auf dem geölten, heißen Grill aufbacken.

Zutaten

- 250 g Mehl
- 10 g frische Hefe
- 1 TL Rohrzucker
- 1dl Wasser
- 20 g Butter
- ½ dl Wasser, lauwarm
- 1 EL schwarzer Sesam
- ½ TL Salz

Holzkohlengrill, Elektro- und Gasgrill, Backofengrill

Knoblauch-Bruschetta

Für diesen Klassiker der Sommerküche wählen Sie am besten vollreife Tomaten aus dem Freilandanbau. Wenn die Tomaten noch nicht ganz reif sind, entfalten weder das Olivenöl noch das Basilikum die volle Aromapalette dieser Vorspeisen-Leckerei. Auch andere Kräuter machen die Bruschetta zu einer Delikatesse z.B. durch Zusatz von frischem Korianderkraut, großblättriger Petersilie oder gehackter Frühlingszwiebeln.

1 Tomaten grob zerkleinern, in eine Schüssel geben und mit den Händen kräftig ausdrücken, sodass sich Fruchtfleisch und Kerne lösen. Grobe Haut- und Strunkteile entfernen.

2 Knoblauch hacken und mit feinem Salz auf einem Holzbrett mit dem Messerrücken fein zerdrücken.

3 Brotscheiben von beiden Seiten auf dem Grillrost knusprig braun werden lassen.

4 Knoblauch auf den Brotscheiben verstreichen, üppig mit Olivenöl tränken und mit den zerdrückten Tomaten belegen. Basilikum darüber streuen. Salzen und Pfeffern.

Variante

Mögen Sie Bruschetta als warme Vorspeise kredenzen? Dann reiben Sie die Weißbrotscheiben zuerst mit Knoblauch ein, tragen die Tomatenmasse auf und geben vor dem Grillen Basilikumblätter und üppig Olivenöl auf die Brote.
Auf dem Grill bei nicht allzu größer Hitze grillen, bis das Brot knusprig und die Tomatenmasse schön heiß ist.

Zutaten

8 kleine, reife Bio-Tomaten
4 El bestes Olivenöl
4 Knoblauchzehen, geschält
4 Scheiben Ciabattabrot, fingerdick geschnitten
1 Handvoll frisches Basilikum, gezupft oder geschnitten
Etwas feines Speisesalz für den Knoblauch
Meersalz
Schwarzer Pfeffer aus der Mühle

Holzkohlengrill, Elektro- und Gasgrill, Backofengrill, Grillpfanne

DER SCHWENKER

„Gott lenkt, der Mensch denkt, der Saarländer schwenkt" lautet eine der urältesten Grillweisheiten. Dabei ist nie erwiesen worden, wer denn nun das Grillen erfunden hat.

Die Hunsrücker behaupten zwar von sich selbst, die Erfinder des Grillens zu sein. Zumindest in Deutschland. Denn ihre Erfahrungen brachten sie, die Edelsteinhändler, von ihren Lieferanten aus Amerika mit, dem Mekka des Barbecue. Dort kannte man von den Indianern die Zubereitung eines „Barbe-à-queue", eines Rindes „vom Bart bis zum Schwanz".

Aus der Edelstein-Metropole Idar-Oberstein stammt angeblich der Schaukelbraten, der allerdings nicht auf dem Grill sondern auf einem schwenkbaren Rost gebraten wird.

DAGEGEN HÄLT DAS SAARLAND!

Der „Schwenker" ist ein Begriff mit mehreren Bedeutungen. Zum einen bezeichnet man damit den Grill, der eigentlich keiner ist, von dem andererseits aber die Saarländer wiederum behaupten, er sei der Prototyp aller Grillgeräte und alle anderen Geräte seien armselige Nachbauten.

Beim Schwenker (1) handelt es sich um eine Gerätschaft, einem stählernen Dreibeingestell mit dazwischen an einer Kette aufgehängtem, rundem Grillrost aus Edelstahl, selten aus dem Handel - meist selbst gebaut. Der „echte Schwenker" muss angeblich während der Arbeitszeit in der „Dillinger Hütte" oder bei „Saarstahl" zusammengeschweißt worden sein. Entsprechend rar und teuer sind diese Edel-Schwenker. Die verschärfte Version ergänzt sich durch eine Feuerstelle in einer alten Waschmaschinentrommel. Ansonsten tut es auch ein offenes Feuer mit Grillkohle.

Entweiht wird der Schwenker durch Auflage von Fisch statt Fleisch. Wer sich dabei ertappen lässt, verliert sofort den Anspruch darauf, sich „Saarländer" zu nennen. Man hat auch schon von Fällen der Sippenhaft und des Landesverweises gehört.

Der Schwenker (2) ist das Stück Fleisch, was andernorts auch als das durchgeht, was es ist - ein Schweinenackensteak. Wobei es im Saarland niemals natur, sondern in eine Marinade, vorzugsweise aus Öl, Kräutern und 1:3 Zwiebelscheiben eingelegt wird.

Zwei Varianten sind möglich: grün - mit Kräutern oder rot - mit Paprika.

Der Schwenker (3) ist der Mensch (meist immer noch ein Mann), der Herr des Schwenkers (1) und (2). Er hat auf unendlich viele Dinge gleichzeitig zu achten: Schwenkbereich des Rostes, Hitze der Glut, Einstellung der Kette und Dosierung des „Ur-Pils" (nicht in der Kehle sondern auf den Schwenkern (2)). Das Bespritzen des Grillgutes mit Bier ist eines der Geheimnisse des echten Schwenkers (2 + 3).

Tipp: Wir reden hier übrigens nicht über Philosophien sondern Fakten!

„VERSCHÄRFT WIRD DER SCHWENKER DURCH EINE FEUERSTELLE IN EINER ALTEN WASCHMASCHINEN-TROMMEL"

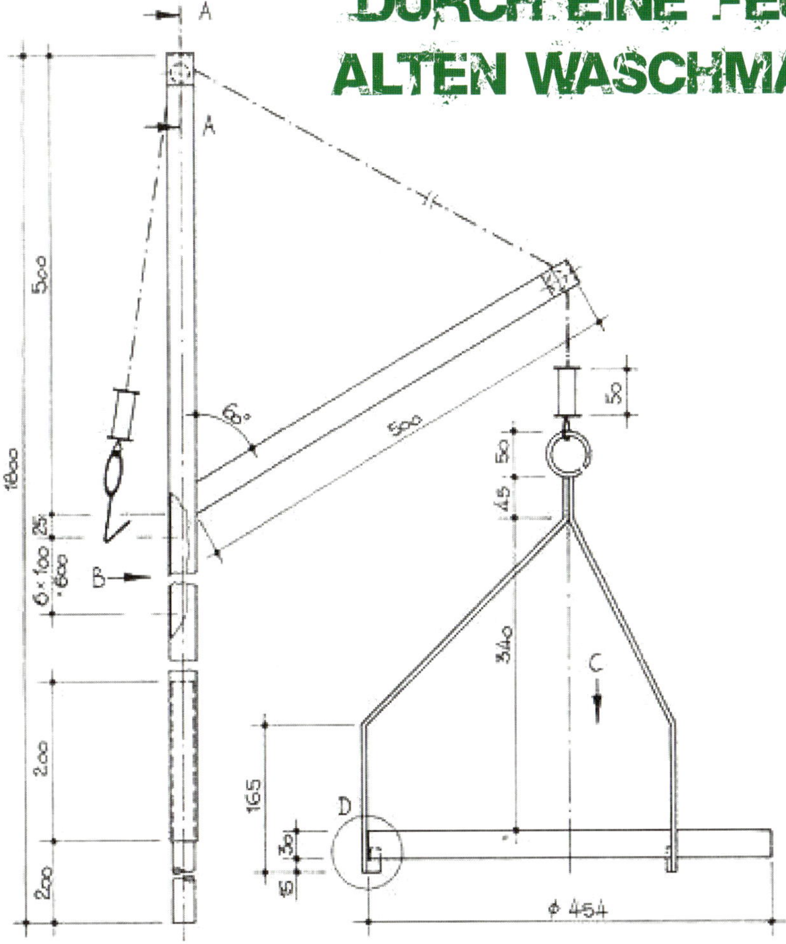

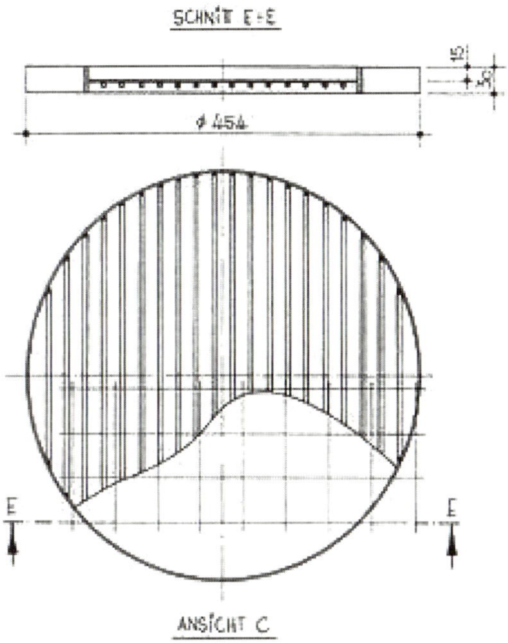

Es gibt dazu wissenschaftliche Abhandlungen unter Einbeziehung der Maillard-Reaktion: „Unter Hitzeeinwirkung (>100° C) reagieren bestimmte Kohlehydrate und Aminosäuren miteinander, wobei u.a. geschmacksverbessernde Substanzen entstehen." Nachzulesen auf den Internetseiten einer Universität! – Natürlich in Saarbrücken.

BEILAGEN

Wilder Sommersalat mit Kapuzinerkresse

Salate aus zarten Wildkräutern und -pflanzen haben ein besonders kräftiges und intensives Aroma. In einen schmackhaften Salat passen z.B. Brennessel- und Löwenzahnblätter, wilder Rucola, Borretsch und Sauerampfer. Die Geschmacksnuancen sind vielfältig und ergänzen sich bestens untereinander wie bei diesem Sommersalat.

1 Alle Salat- und Gewürzpflanzen waschen und trockentupfen oder -schleudern und in eine Schüssel geben.

2 Die Saucenzutaten im Mixer rasch zu einer Vinaigrette pürieren und mit Salz und Pfeffer abschmecken

3 Vinaigrette unter den Salat mischen. Kürbis- und Pinienkerne darübergeben. Mit Kapuzinerkresse- und Borretschblüten dekorieren.

Tipp

Machen Sie eine geführte Kräuterwanderung durch Ihre Heimat. Sie werden staunen, welche wilden Köstlichkeiten unsere Natur bietet.

Zutaten

Je 1 Handvoll
Spinat, ohne Stiele
Rote Chicoréeblätter
Sauerampfer, gezupft
Zitronenmelisse, gezupft
junge Löwenzahnblätter
wilder Rucola
Blüten von Kapuzinerkresse und Borretsch
3 EL Pinienkerne, angeröstet
1 EL Kürbiskerne
10 EL Traubenkernöl
6 EL Zitronensaft
2 TL Apfel- oder Himbeeressig
1 Knoblauchzehe, mit Salz zerdrückt
Frisch gemahlener weißer Pfeffer
½ TL Dijon-Senf
6 EL Honig
Meersalz

Kartoffelsalat mit karamellisierten Zwiebeln

Alles was sich gut vorbereiten lässt ist beim Grillen willkommen. Dazu gehört auch ein aromatischer Kartoffelsalat der durch den Zusatz von Kardamom und Koriander einen besonders exotischen Kick bekommt.

1 Kartoffeln kochen, ab und zu Garpunkt prüfen. Sie dürfen nicht zu weich sein. Auskühlen lassen und in Viertel oder Achtel schneiden.

2 Das Öl in einer großen Pfanne erhitzen und langsam Paprika, Pfeffer, gemahlenen Kardamom, gemahlenen Koriander einrühren bis sich die Gewürze mit dem Öl verbunden haben.

3 Zwiebeln dazugeben und 1-2 Minuten Farbe nehmen lassen. Noch 5-10 Minuten bei reduzierter Hitze weiter garen bis sie gar sind und eine tief goldbraune Farbe haben.

4 Kartoffelstückchen in die Zwiebelmischung geben und bei kleiner Flamme durchrühren. Mit Zitronensaft und evtl. Paprika und Salz abschmecken und in einer Schüssel auskühlen lassen. Mit den gehobelten Radieschen und frischem Korianderkraut dekorieren und servieren.

Zutaten

750 g kleine,
rotschalige Kartoffeln, geschält
Meersalz
1/8 l Olivenöl
2-3 TL Rosenpaprika
1Tl frisch gemahlener schwarzer Pfeffer
1 Prise Kardamom, gemahlen
1 Prise Koriandersamen, gemahlen
1 große Gemüsezwiebel,
in dünnen Ringen geschnitten
1 Handvoll frisches Korianderkraut, gezupft
Saft von ½ Zitrone
1 Handvoll frische Radieschen, gehobelt

Gurkensalat mit frischer Minze

Zu den erfrischendsten Sommersalaten zählt der klassische, eisgekühlte Gurkensalat der zu allen Grilladen vorzüglich mundet. Mit frisch gepresstem Zitronen- oder besser noch Limettensaft eine besondere Variante.

Zutaten

200 g Sahnequark oder Sahnejoghurt, gut gekühlt
1 große, frische Salatgurke
Meersalz
1-2 Knoblauchzehen, auf Salz zerdrückt
3 EL frische Minze (Nana-Minze), geschnitten
2-3 EL Limetten- oder Zitronensaft
3 EL Olivenöl
Schwarzer Pfeffer aus der Mühle

1 Gurke schälen, Enden abschneiden, längs halbieren und die Kerne mit einem Löffel herausnehmen und nicht allzu fein in Scheiben hobeln.

2 In einer Schüssel mit 1 TL Salz bestreuen, 20 Minuten ziehen lassen und Gurkenwasser abschütten.

3 Sahnequark mit dem Schneebesen aufschlagen, Knoblauch, ½ TL Salz, Olivenöl, Limettensaft, Minze (etwas für die Dekoration aufheben) und Pfeffer dazugeben, umrühren und vorsichtig mit den Gurken mischen. Nochmals abschmecken, mit Minze dekorieren und sofort servieren.

Variante

Wenn Sie den Gurkensalat zu gegrilltem Fisch servieren, schmeckt Dill anstelle von Minze besonders gut.

Orientalischer Couscous-Salat mit schwarzen Oliv

6 Personen

Mit der Weizengrießspezialität Couscous, die ursprünglich aus Nordafrika stammt, lassen sich köstliche warme und kalte Beilagen zubereiten. Der große Vorteil dieser Spezialität: ihre Zubereitung ist einfach und spart viel Zeit, selbst wenn Sie viele hungrige Gäste haben. Mit vielen frischen Gemüsesorten zubereitet ist Couscoussalat als Begleiter für alles Pikante vom Grill nicht zu toppen.

1 Couscous in eine Schüssel geben und mit den kleingewürfelten Gemüsesorten und den gehackten Kräutern (mit Ausnahme von Oliven und Minze) dazugeben.

2 Zitronensaft darüber träufeln und alles vorsichtig in der Schüssel gut vermischen. Über Nacht im Kühlschrank quellen lassen.

3 Kurz vor dem Anrichten mit einer Gabel alle Klümpchen zerdrücken, Olivenöl darüber geben und die Hälfte der Minze untermischen. Mit der restlichen Minze und den schwarzen Olivenhälften dekorieren.

4 Mit Salz und Pfeffer evtl. Zitronensaft und Olivenöl abschmecken und kühl servieren.

Tipp

Fügen Sie bei der Zubereitung von Couscoussalat kein Wasser zum Quellen zu, die saftigen, rohen Gemüsen geben ausreichend Flüssigkeit ab.

Variante

Probieren Sie auch Couscous-Salat mit frischem Korianderkraut anstelle von Minze.

Zutaten

500 g Couscous, mittlere Körnung
6 große, feste Tomaten, geputzt, klein gewürfelt
Saft von 8 Zitronen
2 Salatgurken, gewürfelt
2-3 Knoblauchzehen, auf Salz zerdrückt
Je 1 rote, grüne, gelbe Paprika, fein gewürfelt
1 Bund Minze (Nana-Minze), gehackt
1 Bund Frühlingszwiebeln, in Röllchen geschnitten
1 Bund glatte Petersilie, gehackt
10 schwarze Oliven, ohne Stein, in Hälften
12 EL Olivenöl, Meersalz
Schwarzer Pfeffer aus
der Mühle

Klassischer Krautsalat

Mit frischem Rot- oder Weißkraut lassen sich jede Menge köstlicher Salat zubereiten, denn roh gehobelt entfalten sie ein knackig-nussiges Aroma und vertragen sich mit vielen anderen Gemüsesorten und vielen grünen Kräutern. Sie stecken voller guter Vitamine und Mineralien, sind rasch zubereitet und schmecken, wie der folgende Klassiker, selbst noch am zweiten Tag richtig gut.

1 Die Krautviertel mit einer Haushaltsreibe in feine, lange Streifen hobeln. Kräftig mit den Händen durchkneten bis der Kohl glasig und mürbe wird und 20 Minuten ziehen lassen.

2 Paprikastreifen zum Kohl geben. Aus Obstessig, Olivenöl, Salz, Zucker und Pfeffer rasch eine Vinaigrette rühren. Über den Salat geben und umrühren.

3 Schafskäsewürfel, halbe Zwiebelringe und Kerbel darüber geben und ziehen lassen.

4 Mit den schwarzen Oliven dekorieren.

Zutaten

½ Kopf Bioweißkraut oder Spitzkohl, geputzt, geviertelt
½ Gemüsezwiebel, geschält, in halbierte Ringe geschnitten
je 1 gelbe, orangefarbene und grüne Paprika, in Streifen geschnitten
30 g schwarze Oliven, entsteint
3 EL Obstessig, naturtrüb
3 El bestes Olivenöl
Meersalz
Schwarzer Pfeffer aus der Mühle
1 Prise Zucker
50 g Schafskäse, grob gewürfelt
½ Bund frischer Kerbel

SAUCEN, DIPS UND CHUTNEY

Barbecue-Sauce

Der Star unter den Grillsaucen hat den richtigen Anteil an Schärfe und Aroma um das rauchige Grillaroma von Steaks, Spareribs und Koteletts zu steigern. Die Sauce lässt sich variantenreich abschmecken: Mehr Ingwer bringt mehr Schärfe, mehr Zwiebeln macht sie weicher und falls sie zu scharf geraten sein sollte helfen Crème fraîche, Joghurt oder saure Sahne.

1 Die Butter in einem Topf warm werden lassen, Tomaten, Zwiebeln, Ingwer zugeben und ca. 3 Minuten unter Rühren leicht köcheln.

2 Anschließend Knoblauch, Ketchup und Zucker zugeben und mit Aceto Balsamico und Sambal Oelek abschmecken.

Zutaten

10 g Süßrahmbutter
500 g Aromatomaten, geschält, entkernt, gewürfelt
1 EL frischer Ingwer, fein gerieben
2 Zwiebeln, fein gehackt
4 Knoblauchzehen, fein gehackt
4 EL Ketchup
2 EL Rohrzucker
2 El Aceto Balsamico
2 TL Sambal Oelek (Asia-Shop)

Tipp

Im Kühlschrank hält sich die Barbecue-Sauce ca. 1 Woche.

Variante

Noch nicht scharf genug? Mit 1-2 TL Sambal Oelek nachwürzen.

Höllisch scharfer Chili-Dip

Auf dem Schärfebarometer ist dieser Chili-Dip schon im oberen Drittel angesiedelt und lässt sich nur noch durch Beigabe von „Habaneros“ - den Mega-Scharfmachern - steigern. Nicht vergessen: Handschuhe zum Hantieren tragen! Vorteil der selbst zubereiteten Chili-Sauce: sie lässt sich nach eigenem Gusto variieren und in der Schärfe durch Zugabe von mehr oder weniger scharfen Pfefferschoten steuern.

1 Alle Zutaten bis auf Zucker und Salz im Mixer fein pürieren

2 In eine Schüssel geben und mit Zucker, Salz und Pfeffer abschmecken

3 Gut kühlen und mit Korianderblättern dekorieren.

Variante

Zu scharf? Einfach portionsweise Joghurt untermischen.

Zutaten

2-3 Jalapeños oder Peperoncini, geputzt und ohne Samenkörner
6-8 Knoblauchzehen
5 frische, feste Tomaten, geputzt oder aus der Dose
1 Bund Korianderkraut, gehackt
1 Bund glatte Petersilie, gehackt
2-3 EL Olivenöl
2 EL Kreuzkümmel, gemahlen
½ TL Kurkuma, ½ TL Currypulver
2 Kardamomschoten, grün
2-3 EL Zitronensaft, 1 Prise Zucker, Meersalz
1 Handvoll Korianderblätter für die Dekoration

Rosmarin-Aioli

Die duftende Knoblauch-Mayonnaise gelingt am besten wenn alle Zutaten Zimmertemperatur haben und die Eier ganz frisch sind. Anstelle von Rosmarin ergeben frisches Koriandergrün, Sauerampfer, Basilikum, Bärlauch, Thymian oder Brunnenkresse immer neue und köstliche Varianten der Knoblauchmayonnaise.

Zutaten

2 frische Eigelb
½ TL Dijon-Senf
Meersalz
Schwarzer Pfeffer aus der Mühle
¼ l Olivenöl oder Sonnenblumenöl
3 Knoblauchzehen
1 TL frische Rosmarinnadeln, gehackt
½ TL Zitronensaft

1 Die beiden Eigelb, Senf und Salz mit dem Schneebesen verrühren. Öl tropfenweise zugeben und weiter rühren bis sich Öl und Eigelb-Gemisch verbinden.

2 Langsam das ganze Öl unter ständigem Rühren zugeben. Falls die Masse zu dick wird, Zitronensaft zugeben und weiter rühren.

3 Zum Schluss Knoblauch, gehackte Rosmarinnadeln zugeben und mit Zitronensaft, Salz und Pfeffer abschmecken.

Die echte Frankfurter Grüne Soße

Ergibt ½ l

Die Frankfurter Grüne Sauce ist weit über die Grenzen Hessens bekannt und heiß begehrt wenn es am Grill scharf zugeht. Sie ist allround einsetzbar und schmeckt zu Salaten ebenso gut wie zu Fisch, Fleisch und Gemüse. Wichtig dabei: Es müssen immer sieben verschiedene Kräuter sein. Kleiner Trick: Die Frankfurter Soße wird noch „grüner“ wenn man die Hälfte der Kräuter im Mixer püriert.

1 Kräuter waschen und mit dem Wiegemesser fein hacken.

2 Mayonnaise, Schmand und Joghurt verrühren und mit Zitronensaft, Senf, Salz und Pfeffer abschmecken.

3 Hartgekochte Eier klein hacken und zusammen mit den Kräutern (eine Handvoll Kräuter zum garnieren zurückbehalten) unter die Soße geben. Gut durchrühren.

4 Nochmals abschmecken, mit dem Rest der Kräuter garnieren und kühl servieren

Variante

Fehlt eine Kräuterzutat? Dann helfen Zitronenmelisse, junger Spinat oder Brunnenkresse aus. Dill, Liebstöckl oder Estragon sollten Sie besser nicht untermischen. Sie verändern den Geschmack der Sauce sehr stark.

Zutaten

1 Päckchen frische Frankfurter Grüne Sauce oder je 1 Handvoll Kerbel, Pimpinelle, Kresse, Petersilie, Borretsch, Schnittlauch, Sauerampfer
1 Becher Schmand
1 Becher Joghurt 3,5% natur
Saft einer 1 Zitrone
3 Eier, hartgekocht
1 Glas feine Mayonnaise
1 EL Dijonsenf, 1 TL Salz
Schwarzer Pfeffer aus der Mühle

DIE AMTLICHE GRILLORGIE

Hubert hat eine geniale Idee: Er möchte seine Freundin zum Geburtstag mit einem kleinen Fest im Freundeskreis überraschen. Und zwar dort, wo er sie vor einem Jahr kennen gelernt hat: am Brunnen auf dem Marktplatz ihres Heimatdorfes. Es soll gegrillt werden und für Passanten will er, zur Feier des Tages, ein Gläschen Sekt bereithalten, verbunden mit einem Handzettel mit Informationen zum Anlass dieser Party. Um den Aufwand möglichst gering zu halten, und trotzdem Musik zu haben, möchte Hubert die Stereoanlage seines Autos nutzen, indem er einfach die Türen aufmacht.

Sicherheitshalber fragt er vorher schriftlich bei der zuständigen Ordnungsbehörde an, ob es dagegen Einwände gibt.

Hier die Antwort:

Sehr geehrter Herr Meinhardt,
eine Grillparty fällt nicht unter die „allgemeine Straßennutzung“, vielmehr handelt es sich dabei um eine genehmigungspflichtige Sondernutzung. (Antrag anbei)

Die Verteilung von Handzetteln, verbunden mit der Verabreichung alkoholischer Getränke, auch kostenlos, setzt eine Ausschank-Genehmigung und einen Reise-Gewerbeschein voraus. (Anträge anbei)

Musikalische Beiträge auf öffentlichen Veranstaltungen, egal ob live oder von Datenträgern sind der GEMA anzumelden. (Anmeldeformular anbei) Bitte beachten Sie, dass 10 Meter um den Brunnen verkehrsberuhigte Zone ist. Zur Durchfahrt benötigen Sie einen gültigen Passierschein, auf Ihr Kraftfahrzeug ausgestellt. (Antrag anbei)

Hätten Sie Ihre Freundin auf dem Bahnhof oder bis zu 3 Meter drumherum kennen gelernt, wäre Ihr Vorhaben einfacher zu realisieren, denn hier gilt das Hausrecht der Deutschen Bahn AG. Dies gilt allerdings nicht für den Bahnhofsvorplatz!

Sollten Sie sich nun entschließen, Ihre Feier an das Seeufer zu verlegen oder gar in den Gemeindepark, weisen wir vorsorglich darauf hin, dass es sich dabei um Grünanlagen handelt, wobei das Seeufer dem Zweck nach als Naturschutzgebiet ausgewiesen ist, was neben der Einhaltung der allgemeinen Gesetze, auch die Nutzungsbedingungen fordert. (siehe Anlage) Zuwiderhandlungen gelten als Ordnungswidrigkeit.

Beim Dorfpark handelt es sich nicht um eine öffentliche Grünanlage im engeren Sinne. Dort regelt die Parkordnung, wo und bis wann Freizeitaktivitäten in Verbindung mit offenem Feuer und Verzehr von Alkohol gestattet sind. (Parkordnung gegen 2 € hier erhältlich.)

Falls Sie über einen Garten verfügen und nun mit dem Gedanken spielen, dort zu feiern, lesen Sie bitte vorher die Hausordnung und ggf. Ihren Mietvertrag durch. Falls das Grillen nicht ausdrücklich darin verboten ist, beachten Sie bitte folgende Regelungen:

- es dürfen keine Rauchschwaden in die Wohn- und Schlafräume der Nachbarn eindringen.
- Die Nachbarn sind 48 Stunden im voraus zu informieren
- Ab 22 Uhr muss Nachtruhe eingehalten werden
- Der Gastgeber ist für den Lärm seiner Gäste verantwortlich

Mein persönlicher Tipp für Ihren speziellen Fall:

LADEN SIE DIE FREIWILLIGE FEUERWEHR UND ALLE STRASSENANLIEGER EIN. DAS BESCHLEUNIGT DIE ANTRÄGE UND DIE PARTY IST GESICHERT!

Bärlauch-Pesto

Zwischen März und Mai wächst der begehrte „wilde Knoblauch“ - ein Zwiebelgewächs dessen Aroma Feinschmeckern das Wasser im Munde zusammenlaufen lässt. Die Saison ist kurz, da heißt es handeln. Das Wildkraut findet man von März bis Mai in Laubwäldern der Umgebung bzw. es wird auch auf Bauernmärkten angeboten. Die grünblättrige Pflanze ist etwa 30 cm hoch und duftet unverkennbar nach jungem Knoblauch. Dieses Bärlauch-Pesto ist eine Wucht:

1 Pinienkerne leicht in einer Pfanne ohne Fett anrösten und anschließend im Mörser oder, sollten Sie keinen haben - im elektrischen Mixer, möglichst fein pürieren.

2 Den kleingeschnittenen Bärlauch, Petersilie und den geriebenen Parmesan zugeben und soviel Olivenöl angießen, bis eine cremige Masse entsteht.

3 Kräftig pfeffern, dafür lieber weniger Salz verwenden, weil der Käse oft schon salzig genug ist. Fertig!

Tipp

Pesto läßt sich für ein Grill-Picknick oder zum Sonntags-Brunch gut vorbereiten. Die fertige Sauce am besten in leere Marmeladengläser mit Schraubverschluss füllen. Es hält sich 4-6 Wochen im Kühlschrank. Vor dem Verschließen die Paste mit Olivenöl bedecken.

Zutaten

100 g Pinienkerne
150 ml Olivenöl
200 g junge Bärlauchblätter, geschnitten
50 g glatte Petersilie, geschnitten
50 Parmesan oder Pecorino, gerieben
Schwarzer Pfeffer aus der Mühle
Meersalz

Thymian-Öl

Aus frischen Kräutern und kaltgeschlagenen Ölen wie Oliven-, Walnuss- Erdnuss- Sesam- oder Haselnussöl lassen sich herrlich duftende Würzmarinaden herstellen, die sich ausgezeichnet mit dem rauchigen Grill-Geschmack aller Fleisch-, Gemüse- und Fischgrilladen verbindet.
Knausern Sie nicht bei gutem Öl, es schmeckt köstlich und ist gesund.

1 Alle Zutaten zusammenrühren oder im Mixer pürieren und mit Salz und Pfeffer abschmecken.

2 Fleisch-, Fisch- und Gemüsegrilladen vor und während des Grillens mit dem Würzöl bestreichen.

Zutaten

1 Bund frischer Thymian, gezupft
2 Stängel frischer Rosmarin, gezupft
Saft einer Zitrone
Salz
Schwarzer Pfeffer aus der Mühle
6 EL Olivenöl
1/2 TL roter oder grüner Pfeffer

DIE TYPEN AM GRILL

DER LEIDENSCHAFTLICHE

Sein Fühlen und Handeln dreht sich beim Grillen nur um eines: die Glut der Holzkohle! Sie inspiriert ihn zu immer größeren Taten - und größeren Fleischstücken. Bereits lange bevor die zahlreichen Gäste erscheinen, hat er Steaks in Öl eingelegt und Marinaden gerührt. Für Salate und andere Beilagen bleibt da oft keine Zeit. „Nimm reichlich!" ist die Devise, womit er Berge von Fleisch und Wurst meint, die er für ganze Gesellschaften zubereitet. Schmausen, tafeln, genießen sollen sie, das macht ihn zufrieden. Wenn der erste Gast erscheint, ist die Grillkohle bereits fertig für das Grillgut. Ab dann wird nur noch aufgelegt - wenn es sein muss, bis zum Morgengrauen. Er, der Herrscher des Feuers, versorgt das Volk und wird verehrt.

Wenn der Leidenschaftliche Sie einlädt:
Rustikales Outfit, eine Woche vorher nichts essen. Am besten am nächsten Tag frei nehmen.

DER ENTSCHLOSSENE

Kompromisse waren gestern - Perfektion ist heute! Er kann immer und überall! Beim Gourmet unter den Grillfans geht unter drei Gängen gar nichts. Wobei jeder Gast die Auswahl zwischen klassisch, vegetarisch und kalorienarm hat. Angerichtet wird auf einer langen Tafel mit Kerzenschein und Blumenarrangements. Pappteller und Plastikbecher werden Sie auf seiner Party nicht finden. Stattdessen das Ambiente einer Hollywood-Kulisse. Das Geheimnis seines Erfolges: der Gas- oder Lava-Grill! Immer flexibel - keine lange Vorbereitung und kein lästiges Reinigen anschließend. Von kleinen Leckereien bis zum Spanferkel kann er alles bieten - und tut es auch. Er freut sich über das Wohlergehen seiner Gäste und scheut dabei notfalls sogar nicht einmal Personalkosten, um sie zu verwöhnen.

Wenn der Entschlossene Sie einlädt:
Trinken Sie wenig Alkohol denn Sie müssen unter Umständen tief greifende Gespräche führen. Würdigen Sie seine Einladung mit einem Buch über das Leben von Rudolf Mooshammer.

DER ELEGANTE

Der Charmeur unter den Grill-Experten - allzeit bereit, ohne großen Aufwand. Sein Prinzip: „Bloß keine Prinzipien!" Lagerfeuerromatik ist ihm fremd. Wozu sollte man sich bei Wind und Wetter am offenen Feuer herumquälen, wo man doch im Haus die modernsten Küchengerätschaften besitzt. Seine Alternative zu verrauchten Kleidern und angesengten Augenbrauen ist das Elektrogrillgerät. Flexibilität und Steckdose genügen, um die Menschen mit der für ihn unerklärlichen Vorliebe fürs Grillen zu erfreuen. Im Normalfall reicht der Tischgrill für Zwei! Sollten mehrere Gäste sich ansagen, reicht das Stromkabel genau bis zur Terrakotta gefliesten Außenterrasse.

Was er auftischt könnte ebenso gut aus einem Feinschmeckerrestaurant kommen. Schließlich muss es nicht immer Fleisch sein, solange es lecker aussieht und schmeckt.

Wenn der Elegante sie einlädt:
Erscheinen Sie in geschmackvoller Kleidung. Damen laufen

keine Gefahr, mit High Heels im Rasen zu versinken. Bringen Sie eine Orchidee oder ein exotisches Gewürz als Gastgeschenk mit.

DER RASSIGE

Er ist eine unerreichbare Größe für alle, die außerhalb der Grenzen des Saarlandes geboren wurden. „Der Mensch denkt, Gott lenkt, der Saarländer schwenkt“ ist eine uralte Überlieferung und heute noch gültig. Versuchen Sie nicht, ihm nachzueifern. Seine Grillkünste am Schwenker werden Sie nie erreichen, schon alleine deshalb, weil Sie nicht in die Geheimnisse des „Schwenkgrillbaus im heimischen Garten eingeweiht“ sind. Oberstes Bestreben sollte eine Einladung vom rassigen Schwenker sein. Hier erwarten Sie Delikatessen wie „gebratene Lyoner“ und „Schaukelbraten“.

Wenn der Rassige Sie einlädt:
Bringen Sie ruhig noch einige unangemeldete Gäste mit; er freut sich über neue Gesichter und die Vorräte an Schwenksteaks gehen ihm nie aus. Lockeres Outfit. Bereiten Sie sich auf ein zünftiges Gelage und großartiges Essen vor. Mit einer Kiste Karlsberg Ur-Pils kommen Sie dem Geheimnis des Schwenkens garantiert ein Stück näher.

DER STÜRMISCHE

Egal - Hauptsache Grill! Er kennt die besten Outdoor-Grillplätze der Welt, weiß wie man ohne Streichhölzer Feuer macht und aus einer Socke einen Kühlautomaten baut. „Hunger kann immer kommen!“ ist sein Motto. Da muss schon mal ratz-fatz etwas Essbares gezaubert werden und dafür ist er jederzeit gerüstet. Das Geheimnis seiner Kochkunst liegt in der Improvisation. So hat er beispielsweise keine Mühe eine zehnköpfige Wanderergruppe über eine Woche schmackhaft und abwechslungsreich zu bekochen - ohne vorher eingekauft zu haben.

In der heimischen Natur kennt er sich bestens aus. Zu Hause besitzt er mindestens 2 Dutch Ovens und mehrere leicht transportable Grillroste. Für ein Servivaltraining mit Erstklässlern nimmt er sich gerne schon mal ein paar Tage frei. Schließlich soll auch die Nachwelt noch über seine Wildnisküche unter freiem Himmel informiert sein.

Wenn der Stürmische Sie einlädt:
Es gibt hervorragende wind- und wasserdichte Outdoorbekleidung! Vergessen Sie die Garnitur zum Wechseln nicht. Falls Sie neben der Rettungsdecke und dem Navigationsgerät noch Platz im Rucksack haben, stecken Sie genügend Traubenzucker und Isogetränke ein.

Schenken Sie dem Stürmischen nach überstandener Tour das Messer, mit dem Sie den Weg durch die Hecken frei geschnitten haben. Er wird es in Ehren halten.

GANZ GLEICH ...

welcher Grilltyp Sie sind. Grill-Fanatiker haben eins gemeinsam: es sind herzliche, gesellige Typen. Sie wissen zu leben, zu genießen und zu feiern.

Salbei-Butter mit rotem Pfeffer

6-8 Portionen

Frische Kräuter und aromatischer Pfeffer ergeben mit Salzbutter vermischt eine wunderbare Würzmischung, die auf allen Fleisch-, Fisch- und Gemüsegrilladen zart schmilzt und das Raucharoma richtig zur Geltung bringen.

1 Die weiche Butter mit dem Pürierstab oder dem Mixer zusammen mit den Salbeiblättern, dem zerdrückten Knoblauch und dem Pfeffer vermengen.

2 Die Salbei-Butter-Mischung auf Transparentfolie oder Alufolie aufstreichen und zu einer Rolle formen. Im Kühlschrank fest werden lassen und bei Bedarf 1 cm dicke Scheiben abschneiden.

Tipp

Auch andere Kräuterbutter-Mischungen können sich sehen lassen: dazu die Butter (Süßrahm oder Salzbutter) einfach mit gehacktem Thymian, Estragon, Koriander, Petersilien oder Schnittlauch vermengen. Frische Butter-Kräutermischungen halten sich im Kühlschrank ca. 1 Woche, gefroren ca. 2-3 Monate.

Zutaten

250 g weiche Salzbutter (Zimmertemperatur)
1 Bund frischer Salbei, gezupft
4 Knoblauchzehen, mit Salz zerdrückt
1 TL roter Pfeffer, leicht zerstoßen
½ TL schwarzer Pfeffer aus der Mühle

Delikater Zwiebel-Koriander-Relish

Einfach, aber traumhaft gut: Relishes sind ebenso wie Marinaden, Würzsaucen, Chutneys, Dressings oder Chilisaucen das Tüpfelchen auf dem i, das Grilladen den letzten Pfiff verleiht. Noch nie versucht? Dann wird es Zeit, denn nach der folgenden Mischung kann man süchtig werden:

1 Korianderblättchen, gehackte Radieschen und Zwiebeln im Mixer kurz pürieren

2 In eine Schüssel geben und 1-2 Stunden kaltstellen.

3 Gut gekühlt servieren

Tipp

Servieren Sie das delikate Würzgemisch zu Lammsteaks, Koteletts und kaltem Grillfleisch.

Zutaten

1 Bund frischer Koriander, gewaschen, gezupft
1 Bund Radieschen, gehackt
1 große weiße Zwiebel, gehackt

EIN MANN MIT KOHLE

Langsam dreht er sich mit erhobenem Zeigefinger um sich selbst. Er prüft den Wind. Aha, Ost-Südost. Diese Feststellung ist entscheidend für sein weiteres Vorgehen. Sein Aussehen passt er nun erstmal seinem Auftrag an, dann schärft er sein Messer noch einmal nach und schreitet schließlich zur Tat.

Nein, nein - nicht vom vorzeitlichen Jäger ist die Rede, sondern vom neuzeitlichen Grillfan!

Grillen lockt die Urtriebe im Mann. Der Kampf mit den Elementen, die Herrschaft über das Feuer, die Ernährung der Familie - alles ursprünglich elementare Aufgaben des männlichen Geschlechts, wie jagen und Beute machen.

Am Grill kann er sich seinem archaischen Ursprung widmen. Rohes Fleisch auf glühender Kohle zu brutzeln hat etwas, das er sich nicht nehmen lässt. Das Sammeln und Zubereiten der Beilagen überlässt er natürlich den Frauen, die sich damit auch besser auskennen.

GRILLEN IST SEIN PERSÖNLICHES RITUAL.

Niemals käme ein schicker Gasgrill in die engere Wahl. Dazu liebt er das Zischen der Fetttropfen, wenn sie in die Glut fallen, viel zu sehr. Der alte, von 1000 Feuern gebrannte Kohlegrill ist der einzig Wahre. Vor jedem Grillabend wird er nach der Windrichtung platziert. Es folgt die Kunst des Feuerentfachens. Der Profi braucht dazu keine Grillpaste oder Zündwürfel. Ein paar Holzsplinte reichen vollkommen aus.

Das Grillgut wird auf einem Tisch ausgebreitet und erinnert an die Strecke einer erfolgreichen Jagd. Jedes Würstchen schaut er an, als hätte er es selbst erlegt.

Trotz dicker Qualmwolken und tränenden Augen kann er die bewundernden Blicke der Gäste aus den Augenwinkeln beobachten. Er, der das Feuer angezündet hat, steht in der Hierarchie ganz oben. Und erst recht, weil er gut sichtbar alle mit Lebensmitteln versorgt. Hier findet er sich in seiner ureigensten Rolle wieder, als Oberhaupt und Versorger.

Hier ist er in seinem Element. Nicht ohne Stolz präsentiert er nach dem Essen seine Wunden, die Brandblase am Handrücken und die abgesengten Haare am Unterarm. Das hat etwas Heldenhaftes.

Und während die Damen sich schon wegen der sinkenden Nachttemperaturen ins Haus zurückziehen, sitzen die Männer noch stundenlang dicht um den Grill herum, starren ins Feuer und schweigen. So wie ihre Urväter, die sie bis heute würdig vertreten.

Ingwer-Chutney mit Mandeln

ergibt ca. ½ l

Erfrischende Chutneys - ursprünglich aus Indien - gleichen die Schärfe von Grillstücken mit einer Mischung von „Süß" und „Sauer" aus. Sie wirken erfrischend und unterstreichen den natürlichen Fleischgeschmack. Es lohnt sich Chutneys auf Vorrat zu produzieren. Sie halten sich bis zu vier Monaten im Kühlschrank.

1 Alle Zutaten, bis auf die Mandeln und Rosinen in einen Topf geben und zum Kochen bringen.

2 Bei kleiner Hitze ohne Deckel ca. 1,5 bis 2 Stunden schwach köcheln, bis die Flüssigkeit sirupartig eingekocht ist. Anfangs ab und zu, gegen Ende der Kochzeit öfter umrühren.

3 Rosinen und Mandeln zufügen und weitere 5-10 Minuten einkochen. Die Masse vom Herd nehmen und abkühlen lassen. Das Chutney soll so dickflüssig wie Honig sein.

Tipp

Das leuchtend rote Chutney passt zu heißen Grilladen und auch zu kaltem Fleisch.

Zutaten

500 g Tomaten (geschält, aus der Dose), abgetropft
6-8 Knoblauchzehen, fein gehackt
5 cm frische Ingwerwurzel geschält, gerieben oder ½ TL Pulver
200 g Kristallzucker, ½ TL Cayennepfeffer
2 EL Sultaninen, 2 EL Mandeln, gehäutet und gehackt
200 ml Apfelessig oder Weinessig

DESSERT

Tarte Tatin

8 Personen

Die berühmte französische Apfel-Tarte ist ein Highlight auf jeder Sommertafel. Sie lässt sich gut vorbereiten und nimmt es nicht übel nach dem Backen einen Tag in der Form zu verbringen. Kurz aufs Feuer gesetzt lässt sie sich wunderbar aus der Form stürzen und entfaltet dann ihr unvergleichliches Apfel-Karamell-Aroma.

1 Äpfel schälen, Kerngehäuse entfernen, vierteln und in eine Schüssel geben. Zitronensaft darüber verteilen bis alle Äpfel benetzt sind.

2 Boden und Wände der Tarte-Form mit der gesamten Butter ausstreichen und die Mischung aus Zucker und Vanillezucker darauf verteilen. Den Boden rosettenförmig mit den Äpfeln belegen, Zwischenräume mit kleineren Stücken ausfüllen (gewölbte Seite der Apfelschnitze soll nach außen zeigen).

3 Die Tarte-Form aufs Feuer stellen und ca. 10-15 Minuten bei mäßiger Hitze die Karamellisierung des Zuckers beobachten, er darf nicht zu schwarz werden.

4 Form in den auf 180-200 Grad vorgeheizten Backofen geben und ca. 15 Minuten backen.

5 Inzwischen den Blätterteig auf 26-27 cm Durchmesser nicht zu dünn (mindestens 0,5 cm) ausrollen. Tarte aus dem Backofen nehmen und Teigdeckel über die Äpfel geben. Überstehende Ränder nach innen einschlagen und festdrücken. Im Backofen weitere 15 Minuten backen, bis der Deckel eine schöne, braune Farbe hat und gar ist.

6 Herausnehmen und einige Minuten ruhen lassen. Servierplatte auf die Form legen und stürzen.

Tipp

Falls Sie die Tarte Tatin erst anderntags servieren wollen, in der Form lassen und kurz vor dem Servieren nochmals kurz aufs Feuer geben, damit sich der Karamell löst und Sie die Tarte stürzen können.

Zutaten

1 kg Äpfel
Saft von 2 Zitronen
150 g Butter, Zimmertemperatur
125 g Zucker
2 Päckchen Bourbon-Vanillezucker
250 g Blätterteig
Mehl zum Ausrollen
1 feuerfeste Tarte-Form,
24 cm Durchmesser mit Rand
Alufolie

Dutch Oven, Gas- und Elektroherd

Papayaquark mit Limettensaft

4-6 Personen

Quark ist eine klasse Möglichkeit rasch ein leckeres Dessert herzustellen. Es empfiehlt sich vor allem, wenn viele Gäste geladen sind. Dabei wählen Sie einfach beste Zutaten, dann kann nichts schief gehen. Das Rezept funktioniert auch mit anderen Früchten wie Mangos, Birnen, oder Pfirsichen.

1 Die Papayaschnitzel in etwas Zitronensaft und Honig marinieren.

2 Den Bioquark mit Mascarpone, Vanillezucker, Limettensaft- und Schale sowie den eingeweichten Korinthen verrühren. In Schälchen füllen, mit Honig beträufeln und mit frischen Minzeblättchen dekorieren.

Zutaten

3 Papayas, geschält, kleingeschnitten
Zitronensaft
Saft von 2 Limetten
2 EL Limettenschale, abgerieben
3 EL Tannenhonig
2 Päckchen Bourbon-Vanillezucker
4 EL Korinthen, in Rum eingeweicht
750 g Bioquark, 40%
250 g Mascarpone
Honig
Frische Minzeblättchen (Nana-Minze)
für die Dekoration

Waldmeisterbowle

6 Portionen

Das aromatische Wildkraut sprießt im Frühsommer wie auch Bärlauch in lichten Laubwälder und verströmt schon von weitem seinen betörenden Duft. Inzwischen wird er auf vielen Wochenmärkten in der Saison angeboten. Eine Maibowle mit Waldmeister ist ein „muss" für alle Feinschmecker. Wichtig: Blüten müssen entfernt werden

1 Waldmeisterblätter kalt abbrausen und auf Küchenkrepp über Nacht abtrocknen lassen.

2 1 l Weißwein in ein Bowlegefäß schütten und die gebündelten Waldmeisterblätter bis zum Stielansatz hineinhängen lassen. 15-30 Minuten im Kühlschrank ziehen lassen. Das Aroma sollte angenehm und nicht zu streng sein.

3 Waldmeister herausnehmen und die Bowle mit einem weiteren Liter eisgekühlten Weißwein und dem Prosecco auffüllen.

4 Sofort servieren.

Zutaten

1 Bund frischer Waldmeister (ca.50 g)
2 l Weißwein, eisgekühlt
¾ l Prosecco, eisgekühlt

Eistee mit Sommerbeeren

Köstlicher Eistee lässt sich leicht vorbereiten und ist unter allen Sommergetränken der Hit. Er lässt sich mit vielen Früchten kombinieren wie im folgenden Rezept mit einer Auswahl aromatischer Sommerbeeren.

1 Wasser erhitzen, Ingwer, abgeriebene Limettenschale, Minze und den flachgeklopften Stängel Zitronengras zugeben und in ca. 10 Minuten auf 70 Grad abkühlen lassen.

2 Grünen Tee mit der Mischung überbrühen. 2-3 Minuten ziehen lassen, abgießen und auskühlen lassen.

3 Früchte und Limettenviertel in einen großen Krug oder in ein Bowlegefäß geben. Umrühren und mit Limettensaft und Zucker abschmecken.

4 Kurz vor dem Servieren Eiswürfel aus Kirsch- und Apfelsaft zugeben.

5 Mit Minzeblättchen dekorieren.

Zutaten

½ l Apfelsaft als Eiswürfel
½ l Kirschsaft als Eiswürfel
600 ml Wasser
1 TL Ingwer, frisch gerieben
Saft und abgeriebenes von einer Limette
3 EL Minzeblätter, gehackt
1 Stängel Zitronengras, flachgeklopft
10 TL Grüner Tee (Gunpowder)
4 El Zucker
50 g Himbeeren
50 g Johannisbeeren
2 Limetten, geviertelt
Einige Minzeblätter für die Dekoration

Grill
Holzkohle

DIE GROSSE GRILL PARTY

Die große Grillparty

Für 20 Personen

Heiß begehrt: Eine Grill-Party im Freien macht gute Laune und lässt die Herzen aller Feinschmecker höher schlagen. Denn Grillen unter freiem Himmel macht gute Laune und viel Appetit, denn alle zubereiteten Speisen schmecken doppelt gut. Viele Gerichte lassen sich problemlos vorbereiten, sodass die Zubereitung am Grill zum schönsten sommerlichen Zeitvertreib wird.

Grillen draußen lässt sich am Lagerfeuer, klassisch mit dem Holzkohlegrill, Elektro- oder Gasgrill oder mit einem Dutch-Oven auf heißen Holzkohlen. Und das Beste: Alle Gäste können mitmachen und auch Waldi sollte nicht betteln müssen, wenn leckere Düfte vom Grill herunterwehen. Nur aufgepasst: Für ihn darf alles was vom Grill kommt nicht scharf gewürzt sein. Er hat es am liebsten fettarm mit viel Vitaminen, Ballaststoffen und Kohlehydraten die lecker schmecken. Keine Angst: Auch ein leckeres Hunde-menü vom Grill lässt sich im Handumdrehen zaubern.

Vorspeisen ab Seite 108

Kürbissuppe mit frischem Korianderkraut, Bunte Gemüsespieße, Maispäckchen vom Grill, Salsa picante

Hauptspeisen ab Seite 112

Kalbsbraten vom Rost, Chicken Wings mit Ahornsirup, Gefüllte Zwiebeln, Gegrillter Zuckermais, Stockbrot mit Knusperschinken

Dessert ab Seite 122

Blaubeerpfannkuchen, Grenadine-Bowle

Waldi's Grill-Menü ab Seite 124

Kürbissuppe mit frischem Korianderkraut

Ergibt ca. 3,5 l

Kürbisse haben einen unverwechselbar milden Geschmack. Sie lassen sich in Stücken gut grillen sind jedoch auch für Suppen gut geeignet. Ihr eher süßlicher Geschmack verbindet sich mit allen aromatischen Würzzutaten besonders gut wie z.B. mit exotisch-scharfen Chilischoten und frischem Korianderkraut wie im folgenden Rezept.

1 Kürbiswürfel in einem großen Topf geben und zusammen mit den Zwiebeln, Chilischoten und Knoblauch im Gänseschmalz kurz anrösten. Karotten dazugeben, mit Mehl bestäuben und mitschwitzen.

2 Mit der heißen Brühe aufgießen und den Kürbis in ca. 20-30 Minuten sehr weich kochen. Mit Salz, Pfeffer und Muskat abschmecken.

3 Mit einem Schneebesen alle weichen Gemüseteile sämig aufschlagen.

4 Sahne zugeben und heiß werden lassen. Die Suppe soll nicht mehr kochen.

5 Vor dem Servieren Kürbiskerne und Korianderkraut zugeben und einen Schuss Kürbiskernöl dekorativ darüber geben.

Zutaten

1,5 kg Kürbisfleisch, gewürfelt
3 Zwiebeln, gehackt
4 Knoblauchzehen, mit Salz zerdrückt
3 Karotten, gewürfelt
2-3 rote Chilischoten, entkernt, gehackt
2 l heiße Hühnerbrühe
6 EL Mehl, 3/4 l frische Sahne
12 EL Kürbiskernöl
6 EL Gänseschmalz oder Butter
1 Bund frisches Korianderkraut, gezupft
150 g Kürbiskerne
Salz, Pfeffer, Muskat
Kürbiskernöl

Dutch-Oven, Gas- oder Elektroherd

Bunte Gemüsespieße

20-25 Gemüsespieße

Für alle Fans von frischem Gemüse sind Spieße, die auf dem Grill gegart sind eine wirkliche Delikatesse. Vorgebrüht lassen sie sich zu jedem Picknick mitnehmen und verkürzen so die Garzeit auf dem Grill.

1 Die vorgekochten Gemüsewürfel zusammen mit den Kirschtomaten, Champignons, Schalotten und Knoblauchzehen in eine Schüssel geben.

2 Alle Marinade-Zutaten verrühren und über die Gemüse geben und 30 Minuten marinieren lassen.

3 Marinade abtropfen und auffangen.

4 Gemüse auf Holzspieße stecken und auf den gefetteten, heißen Grill beidseitig ca. 3-5 Minuten grillen. Zwischendurch zweimal wenden und mit Marinade bestreichen.

5 Vor dem Servieren mit grobem Meersalz betreuen.

Zutaten

1 kg Gemüse (Auberginen, Blumenkohl,
Fenchel, Peperoni, Zucchini), gewürfelt,
2-4 Minuten vorgekocht, 200 g Kirschtomaten, geputzt
250 g Champignons, geputzt, Einige Schalotten, geschält
6 große Knoblauchzehen, geschält

Marinade:

1 Zitrone, abgeriebene Schale
2 EL Zitronensaft, 5 EL Weißwein
200 ml Olivenöl
2 Knoblauchzehen, mit Salz zerdrückt
2 EL Basilikum, gehackt
1 EL rosa Pfeffer, zerdrückt
20 Holzspieße (25 cm), Grobes Meersalz

Maispäckchen vom Grill

20 Stück

In Mexiko heißt diese Spezialität „Tamales". Die kleinen, in Maisblätter eingewickelten Gemüsepäckchen schmecken hervorragend zu gegrilltem Fleisch und Fisch. Im Sommer, wenn frische, saftige Maiskolben auf dem Grill brutzeln, finden die Blätter eine gute Verwendung für die schmackhaften Päckchen. Ersatzweise lassen sich auch Bananenblätter (im Thai-Shop) verwenden.

1 Maiskolbenblätter 1-2 Minuten in kochendem Wasser blanchieren und trockentupfen.

2 Zwiebeln und Knoblauch im heißen Maiskeimöl andünsten

3 Milch und Hühnerbrühe zusammen erhitzen, Zwiebel-Knoblauch-Mischung zugeben und das Maismehl langsam einrühren und ca. 20 Minuten köcheln lassen. Anschließend vom Feuer nehmen und zugedeckt 30 Minuten quellen lassen.

4 Gehackte Chilischoten und Sonnenblumenkerne untermischen und auskühlen lassen.

5 Maisbrei auf die Blätter verteilen und wie Päckchen an beiden Enden mit Maisfasern oder gebrühtem Faden zubinden und mit einem feuchten Tuch bedecken.

6 Vor dem Grillen die Päckchen mit Öl bestreichen und auf dem geölten, heißen Rost beidseitig je 2-3 Minuten grillen.

Variante

Der leckere Maisbrei lässt sich auch mit Kürbis- oder Pinienkernen, gehackten, getrockneten Tomaten, feinen Speckwürfelchen und frischen Kräutern verfeinern.

Zutaten

20 große, frische Maiskolbenblätter
1 Zwiebel, feingehackt
2 Knoblauchzehen, zerdrückt
2 EL Maiskeimöl, 200 g grobes Maismehl
½ l gute Hühnerbrühe, ½ l Milch
1-2 rote Peperoncini, entkernt, fein gehackt
4 EL Sonnenblumenkerne, geröstet
Öl zum Bestreichen
Evtl. Küchenfaden

Holzkohlengrill, Dutch-Oven, Elektro- und Gasgrill, Backofengrill, Grillpfanne

Salsa picante

300 ml

Diese einfache Tomatensauce erhält ihren pikanten Geschmack durch verschiedene frische Kräuter und lässt sich z.B. mit Gemüsepaprika und weiteren Tomaten strecken, falls mehr Sauce gebraucht wird.

1 Alle Zutaten verrühren und mit Salz und Pfeffer abschmecken.

Zutaten

4 Fleischtomaten, geschält, gewürfelt
1 rote Zwiebel, fein gehackt
3 EL Minze-, Thymian- und Oreganoblätter, gehackt
1 grüne Chilischote, entkernt, gehackt
1 rote Paprikaschote, fein gewürfelt
1 gelbe Paprikaschote, fein gewürfelt
Salz, Schwarzer Pfeffer aus der Mühle

Kalbsbraten vom Rost

20 Portionen

Grillen für viele Gäste muss kein Stress sein: Da ist ein großes Stück Fleisch auf dem Grill genau das Richtige. Es macht wenig Arbeit und schmeckt im Ganzen gegrillt einfach traumhaft gut. Die Vorbereitung ist leicht und beim Grillen zeigt das Fleischthermometer sicher an, wann der Braten gut ist. Bitten Sie den Metzger, die Rippenknochen unten einzusägen und die Knochenenden sauber abzuschaben, damit der Braten zum Servieren appetitlich aussieht und leichter aufgeschnitten werden kann.

1 Olivenöl, Sojasoße, fein geschnittene Schalotten und wenig Pfeffer verrühren und den Braten rundherum bestreichen.

2 Einige Stunden im Kühlschrank marinieren lassen.

3 Braten 1 Stunde vor dem Grillen herausnehmen, Marinade auffangen und anschließend auf dem eingeölten, heißen Grillrost rundherum 15 Minuten scharf anbraten. Bei schwacher Hitze weitere 1-1,5 Stunden grillen, bis der Braten eine Kerntemperatur von 70-75 Grad erreicht hat.

4 Den Braten ab und zu mit Marinade bestreichen. Braten vom Grill nehmen und vor dem Aufschneiden ca. 10 Minuten in Alufolie eingepackt ruhen lassen.

Variante

Wenn Sie Lust haben auf Roastbeef vom Grill, nehmen Sie 5 kg Hochrippe entweder Lende oder Hüfte vom Rind und lassen das Fleisch beim Metzger genauso präparieren wie die Kalbskoteletts.

Zutaten

5 kg Kalbsbraten
(am besten ein Kotelettstück)
10 EL Olivenöl
3 EL Sojasoße
2 Schalotten, fein geschnitten
Schwarzer Pfeffer aus der Mühle
1,5 TL Fleur de Sel oder anderes Meersalz

Großer Holzkohlengrill, Holzkohlengrill,
Elektro- und Gasgrill, Backofengrill

Tipp

Bevor Sie loslegen, prüfen Sie, ob Ihr Grillgut auf den Rost passt. Stellen Sie auf alle Fälle auch eine Saft- und Fettpfanne in Ihren Grill. Denn der Fleischsaft schmeckt mit grobem Salz (wenn nötig) und Zitronensaft verrührt, köstlich als Sauce, die man am Schluss über die Koteletts gibt.

Chicken Wings mit Ahornsirup

20 Stück

Hähnchenflügel wandern in der Regel in die Friteuse, obwohl sie vom Grill weitaus besser schmecken. Der Holzkohlerauch steigert das Fleischaroma und die Haut wird besonders knusprig und delikat. Ein Trick von Freunden, der mich überzeugt hat: Um an noch mehr knusprige Haut zu kommen, werden die kleinen Flügel gestreckt auf Spieße gezogen und auf den Grill gelegt. So werden sie rundherum knusprig und können direkt vom Rost gegessen werden. Das leckerste Fingerfood, weit und breit!

1 Hähnchenflügel waschen, trockentupfen und Federreste entfernen. Der Länge nach auseinanderziehen und einzeln auf Holzstäbchen spießen. Unteres Ende der Spieße zum anfassen freilassen.

2 Sojasauce, Ketchup, Dijon-Senf, gehackte Chilischote und Öl mit dem Pürierstab vermengen. Mit Salz und Pfeffer abschmecken. Hähnchenflügel in eine Schüssel legen und Marinade darüber geben. Ca. 1-2 Stunden im Kühlschrank marinieren lassen, dabei öfter wenden.

3 Marinade ablaufen lassen und zum Bestreichen weiterverwenden. Flügel auf den heißen Grill legen und ca. 8-10 Minuten von jeder Seite grillen. Dabei immer wieder mit Marinade bestreichen.

4 Die restlichen 4 EL Marinade mit Ahornsirup vermengen und kurz vor Grillende alle Hühnchenflügel nochmals dick damit einpinseln und von beiden Seiten knusprig braun grillen.

Tipp

Während des Grillens Hähnchenflügel öfter wenden und darauf achten, dass die unteren Enden der Holzstäbchen nicht anbrennen. Evtl. einen Streifen Alufolie direkt auf den Rost unter die Holzstäbe legen.

Variante

Auf die langen Holzstäbchen lassen sich auch schmale Streifen Hühnerbrust oder Entenfleisch stecken. Beim Marinieren genauso verfahren wie angegeben.

Zutaten

20 Hähnchenflügel (ca.1500 g)
Meersalz, Schwarzer Pfeffer aus der Mühle
5 EL Sojasauce, 5 EL Ketchup, ½ EL Dijon-Senf
1 kleine, rote Chilischote, entkernt und gehackt
5 EL Maiskeimöl, 3 EL Ahornsirup
Holzstäbchen, 30 cm lang

Holzkohlengrill, Elektro- und Gasgrill, Backofengrill, Grillpfanne

Gefüllte Zwiebeln

20 Stück

Achten Sie beim Einkauf darauf Zwiebeln von möglichst einheitlicher Größe zu kaufen, damit die Garzeit annähernd identisch ist. Die gefüllten Zwiebeln werden wie Päckchen verschnürt. Damit das Küchengarn nicht allzu rasch auf dem Grill verschmort, legen Sie es vorher in Wasser ein.

1 Die Deckel der Gemüsezwiebeln wegschneiden und die Zwiebeln bis auf 2 Schichten aushöhlen und beiseite stellen

2 Das ausgehöhlte Zwiebelfleisch fein hacken und im warmen Öl anschwitzen.

3 Majoranblättchen, saure Sahne und Toastbrotwürfel dazumischen und mit Salz und Pfeffer gut anschmecken.

4 Die Masse in die Zwiebeln füllen, Deckel aufsetzen und mit Küchengarn wie ein Päckchen zubinden und vor dem Grillen mit Öl einstreichen.

5 Auf den heißen, geölten Grill setzen und bei mittelstarker Glut 40 Minuten grillen.

Tipp

In der Regel laufen bei Gemüsezwiebeln keine Tränen, falls doch, einfach einen Schluck Wasser in den Mund nehmen. Sie werden sehen, nichts tränt mehr ...

Zutaten

20 mittelgroße Gemüsezwiebeln, geschält

Füllung

2 EL Olivenöl
4 EL Majoranblättchen
4 EL saure Sahne
300 g Toastbrot ohne Rinde, gewürfelt, geröstet
Meersalz
Schwarzer Pfeffer aus der Mühle
3 EL Olivenöl zum Bestreichen
Küchengarn

Holzkohlengrill, Elektro- und Gasgrill, Backofengrill

Gegrillter Zuckermais

40 Stück

Dieser Klassiker vom Grill hat immer Saison. Inzwischen bekommt man Zuckermais das ganze Jahr über im Handel. Achten Sie beim Einkauf darauf, dass die Kolben frisch und die Blätter erhalten sind. Denn mit ihnen lassen sich z.B. leckere kleine Maispäcken vom Grill zaubern.

1 Blätter und Fäden von den Kolben entfernen. (Blätter für die Maispäckchen vom Grill verwenden). Die Kolben 4-6 Minuten vorkochen und anschließend in 3 cm dicke Scheiben schneiden.

2 Ca. 30 Minuten in der Barbecue-Sauce marinieren, anschließend abtropfen lassen und Marinade aufheben.

3 Die Maiskolben auf dem geölten, heißen Grill legen und ca. 15 Minuten grillen. Dabei öfter wenden und mit Barbecue-Sauce bepinseln.

Zutaten

6 Maiskolben
1 Portion Barbecue-Sauce
1 Pinsel

Holzkohlengrill, Dutch-Oven, Elektro- und Gasgrill, Backofengrill, Grillpfanne

Stockbrot mit Knusperschinken

20 Portionen

Der größte Spaß beim Grillen ist für Kinder das Stockbrot-Braten über der offenen Feuerflamme. Das selbstgebackene Brot ist ein schöner Zeitvertreib und außerdem eine abwechslungsreiche Beilage für alle Leckereien vom Grill. Mit fertigem Pizzateig ein Kinderspiel! Lange Bambusstöcke oder Äste (1 cm Durchmesser) nicht vergessen, sonst funktioniert es nicht.

1 Pizzateig nach Vorschrift auftauen lassen und in 20 Portionen teilen. Fingerdicke Rollen von 20 cm Länge formen und mit je einer Scheibe Bacon oder Schinkenspeck schneckenförmig umwickeln.

2 Die Teig-Bacon-Rollen anschließend wiederum schneckenförmig um das obere Ende der Stöcke wickeln, das ins Feuer gehalten wird.

3 Stöcke ca. 5-6 Minuten in die Flammen bzw. über den Grill halten. Die Stockbrote sind gar, wenn sie eine hellbraune Farbe haben. Die Brote vom Stock nehmen und gleich verzehren. So schmecken sie am besten.

Variante

Anstelle von Bacon lassen sich alle dünn geschnittenen Speck- oder Schinkensorten und längs aufgeschnittenen Salamischeiben um den Stockbrotteig wickeln und grillen.

Zutaten

500 g fertiger Pizzateig, tiefgefroren
300 g Bacon oder Schinkenspeck in dünnen Scheiben

Lagerfeuer, Holzkohlengrill, Elektro- und Gasgrill, Backofengrill

Blaubeerpfannkuchen

18-20 kleine Pfannkuchen

Wenn Sie eine große Pfanne haben können Sie die Pfannkuchen problemlos auf dem heißen Grill backen. Der Teig ist rasch zubereitet und das Ausbacken macht Spaß.

1 Mehl, Backpulver, Zucker und Salz vermengen und in eine Schüssel sieben. In der Mitte eine Mulde machen, Eier und Milch hineingeben.

2 Mit einem Löffel alles leicht vermengen und flüssige Butter einlaufen lassen. Kurz durchrühren.

3 Gefettete Pfanne auf dem Grill heiß werden lassen. Kleine Teigportionen einfüllen, sodass Pfannkuchen mit ca. 10 cm Durchmesser entstehen.

4 1 EL Heidelbeeren in den Teig streuen und 2-3 Minuten backen. Sowie sich Bläschen an der Oberfläche bilden mit einem Spatel wenden und 1 Minute weiterbacken, bis die Unterseite ebenfalls goldbraun ist.

5 Mit Ahornsirup beträufeln und aus der Pfanne servieren.

Zutaten

200 g frische Blaubeeren
200 g Mehl
2 TL Backpulver
2 TL Zucker
1 TL Salz
3 Eier, leicht aufgeschlagen
½ l Milch, 3,5%
60 g Butter, zerlassen
Etwas Haselnussöl
Ahornsirup

Holzkohlengrill, Elektro- und Gasgrill, Dutch-Oven, Backofengrill, Grillpfanne

Grenadine-Bowle

Ca. 2 Liter

Egal ob Grillparty oder Picknick, Bowlen lassen sich rasch herstellen und sind erfrischend. Alle Gäste – auch die Kinder - können beruhigt eins über den Durst trinken. Wenn Sie keine frischen Himbeeren auftreiben können, nehmen Sie einfach tiefgefrorene.

1 Sirup, Apfel- und Zitronensaft mischen und kühl stellen

2 Vor dem Servieren Himbeeren, Mineralwasser und Eiswürfel zugeben und sofort kredenzen.

Zutaten

50 ml Grenadine-Sirup
1 Liter Apfelsaft
Saft von einer Zitrone
250 g frische Himbeeren oder tiefgefroren
700 ml Mineralwasser, eisgekühlt
Eiswürfel

Holzkohlengrill, Elektro- und Gasgrill, Backofengrill, Grillpfanne

Menü für den Hund

Planen Sie für Waldi auf der Grill-Party ein einfaches kleines Menü ein, etwas besonderes was es nicht alle Tage gibt. Denn wenn verführerische Düfte vom Grill herunter wehen, sollte er weder mit Knochenabfällen noch mit künstlichen Kauknochen abgespeist werden. Wie wäre es mit einer geriebenen Karotte mit Apfelstückchen als Vorspeise, einem großen Putenschnitzel mit Maiskolben als Hauptgang und einem Hundekuchen-Dessert? Er wird es mögen!

1 Karotte und Apfel fein raspeln und als Vorspeise einplanen

2 Putenschnitzel leicht mit Öl einpinseln

3 Den halben Maiskolben mit Öl einpinseln und zusammen mit dem Putenschnitzel auf den Grill durchgaren. Nicht würzen und abkühlen lassen.

4 Den Hundekuchen mit Nachtkerzenöl (gegen schlechten Atem) beträufeln und als Dessert reichen

Tipp

Für Waldi muss beim Grillfest immer ausreichend frisches Wasser parat stehen, denn auch er kommt am heißen Grill leicht ins Schwitzen.

Zutaten

1 große, rohe Karotte, geschält
1 roher Apfel, geputzt
1 Putenschnitzel, 150 g
½ Maiskolben, vorgekocht
1 großer Hundekuchen
3-4 Topfen Nachtkerzenöl

Holzkohlengrill, Elektro- und Gasgrill, Dutch-Oven, Backofengrill, Grillpfanne

DIE MOTTO-PARTY

Direktor Klein von der Sparkassenzweigstelle ist ein ganz Korrekter. Zumindest was seinen Grund und Boden mit Villa im mediterranen Stil im Neubauviertel betrifft. Ein Kleinod in einer parkähnlichen Anlage. Hier lässt es sich leben. Wenn, ja wenn die Nachbarn nicht wären! Lehmann, Leiter des städtischen Tierheimes macht Direktor Klein das Leben schwer. Genau genommen nicht mal er, sondern die ständig wechselnden Köter, „arme herrenlose Schnuffi's“, die dauernd ausbüchsen und ihre Knochen unter Kleins englischem Rasen verscharren, von dem böse Zungen behaupten, er würde mit der Nagelschere geschnitten. Nachdem ein Kampfhundmischling kürzlich ein ganzes Beet Edelrosen gepflügt hat, ist Schluss mit dem Frieden. Und überhaupt, wenn Klein eines nicht leiden kann, sind das Hunde!

Umso mehr wundert sich Tierfreund Lehmann, dass er eine Woche später einen netten Brief von Familie Klein im Briefkasten findet:

EINLADUNG ZUM BARBECUE

In stilvoller Atmosphäre veranstalten wir unter dem Motto „eine orientalische Nacht“ ein Grillfest. Über Ihr Erscheinen würden wir uns freuen.

Nachbar Klein

PS: Um angemessene Kleidung wird gebeten.

Freudestrahlend präsentiert Lehmann die Einladung seiner Frau mit den Worten „Das wird der große Versöhnungsakt.“, wovon Frau Lehmann nicht recht überzeugt scheint. „Und ich weiß auch schon, was wir anziehen zu der Mottoparty, mein Schatz. Ich gehe als Scheich und du als meine wunderschöne Haremsdame!“

Schon von weitem hörten sie den Bolero von Ravel. Während Herr Lehmann seinen Turban zurechtrückte und geraden Ganges auf die muntere Gästeschar zuschritt, versuchte seine Frau noch einmal ihr Chiffonröckchen über den Bauchnabel zu ziehen und das kunstvoll verpackte Gastgeschenk möglichst graziös zu präsentieren. So standen sie im Gartentor als Klein plötzlich aus der Menge rief „Na, wen haben wir denn da?“ Alle Augen richteten sich auf Lehmanns und nach einem Moment der Stille grölte die ganze Gesellschaft. Niemand sonst war verkleidet...

„He, fahr mal langsam! Was ist denn da los?“ Conny reckte den Hals nach den zwei schillernden Gestalten. Sie und ihr Kollege Max Herbst von der Abendpost waren auf dem Heimweg. „Kam nicht heute Morgen eine Meldung von der DPA über den Ticker, dass der Indische Konsul, Yogesh Angachiri, irgendeine soziale Einrichtung besucht hat? Das muss er sein! Los, nimm die Kamera!“

„Ich bringe Klein um! Er hat uns blamiert bis auf die Knochen!“ raunte Lehmann und wollte sich eben umdrehen, als das Blitzlichtgewitter losging.

„Herr Konsul, wie haben sie Ihren Tag verbracht und wie gefällt Ihnen unsere Stadt? Ich sehe, Sie fühlen sich hier in dieser fröhlichen Gesellschaft sehr wohl. Wer hat Sie eingeladen?“

„Oh warte“ dachte Lehmann, „Rache ist süß“.

„Ach wissen Sie, Herr Direktor Klein hat versprochen eine großzügige Spende für das städtische Tierheim zu machen, wenn ich seiner Einladung zum Barbecue folge.“ Blitzschnell entriss er seiner Frau das Päcken mit dem Designer-Gartenzwerg, setzte ihn auf den Rasen und steuerte zum nächststehenden Partygast, dicht gefolgt von seiner Haremsdame, der Reporterin und dem Fotografen. „Bitte spenden Sie auch etwas für die Not leidenden Tiere“ und schwupps landete der erste Fünfziger in der Pappkiste. Allgemeines Kramen in Hosentaschen und Handtäschchen lies Lehmann innerlich frohlocken.

Bei Klein angekommen, gab die Reporterin die Anweisung „Herr Klein, würden Sie bitte in die Kamera lächeln, während Sie das Geld in die Box legen. Und reichen Sie dem Konsul dabei die Hand.“

Die Schlagzeile am nächsten Tag lautete:

TIERLIEBE KENNT KEINE GRENZEN: INDISCHER KONSUL SAMMELT FÜR TIERHEIM

Direktor Klein stiftete eine nicht unbeträchtliche Summe für den Bau einer ganzen Hundezwingeranlage.

IMPRESSUM

Text & Idee

Claudia Diewald und Regina Schneider

Kurzbiographien

Claudia Diewald, Jagdexpertin und Fachjournalistin. Im eigenen Revier bildet sie Jungjäger aus und organisiert Veranstaltungen für interessierte Nichtjäger. Gründerin des „Weiberrevier e.V."

Regina Schneider, Journalistin und erfolgreiche Kochbuchautorin (u.a. Bestseller „Aldidente" - Geschichten und Rezepte zusammen mit Astrid Paprotta, 1996) und begeisterte Jägerin.

Außerdem erschienen:

Total Wild - Köstliche Geschichten & Rezepte aus der modernen Wildküche von Claudia Diewald und Regina Schneider. Neumann-Neudamm 2004, ISBN 3-7888-0910-8

Schwalbenweg 1, 34212 Melsungen, Tel. 05661-52222,
Fax 05661-6008, www.neumann-neudamm.de

Satz & Layout

neueformen.net, Kassel

Titelgestaltung

neueformen.net, Kassel

Fotos, Dekoration & Styling

Paavo Blåfield (Fotografie), Michaela Gundlach (Styling), Sascha Jacobi (Foodstyling), Foto S.127: Valentina Uhlmann, Hot-Pepper-Brenn-o-meter (www.pepperworld.com)

Schönes Geschirr & Accessoires

Finke Einrichtungen (www.moebel-finke.de)

Garten Dehner, Kassel

Special Thanx

Doris & Volker (Garten, Haus & Küche sind wieder hergestellt), Michi, Oma Herta & Tim (das Dream-Team an Herd & Grill), Lara, Kira, Kerstin, Erich & Jule (ist jetzt süchtig nach dem Hundemenü), Jessica & Steffen, Eugenia & Carsten, Alex, Zoe & Nico (Zoe‘s erstes Fotoshooting), Lydia & Peter (die Unermüdlichen ...), Susanne, Nadja & Sandra, Anne & Sandra, Oma Lis & Opa Heinz ... und natürlich Heiko & Sven

Druck und Verarbeitung

J.P. Himmer GmbH & Co. KG, Augsburg

Total Wild im Internet

www.totalwild.net

Printed in Germany, ISBN 3-7888-1017-3